Kommunale Arbeitsmarkt- und Beschäftigungspolitik

Centre d'Information et de Recherche sur l'Allemagne
Contemporaine (CIRAC), Levallois-Perret
Deutsch-französische Studien zur Industriegesellschaft
Herausgegeben von Leo Kißler und René Lasserre

Band 28

Leo Kißler lehrt Soziologie in Marburg. *Werner Zettelmeier* ist Professeur associé an der Universität Cergy-Pontoise.

Leo Kißler, Werner Zettelmeier (Hg.)

Kommunale Arbeitsmarkt- und Beschäftigungspolitik

Deutschland und Frankreich im Vergleich

Campus Verlag
Frankfurt/New York

Gedruckt mit freundlicher Unterstützung der Hans Böckler Stiftung

Bibliografische Information der Deutschen Bibliothek
Die Deutsche Bibliothek verzeichnet diese Publikation in der Deutschen Nationalbibliografie.
Detaillierte bibliografische Daten sind im Internet über http://dnb.ddb.de abrufbar.
ISBN 3-593-37740-3

Druck und Bindung: PRISMA Verlagsdruckerei GmbH
Gedruckt auf säurefreiem und chlorfrei gebleichtem Papier.
Printed in Germany

Inhalt

II Frankreich

III Europa

Vorwort

Massenarbeitslosigkeit und die „Kommunalisierung" ihrer Folgen schufen in den letzten Jahren ein neues Politikfeld: die kommunale Arbeitmarkt- und Beschäftigungspolitik. Auf diesem Feld agieren die Kommunen als Akteure. Gemeinsam mit anderen Akteuren, den Gewerkschaften des öffentlichen Dienstes und der Politik definieren sie die Programme und Strategien einer Arbeitsmarkt- und Beschäftigungspolitik, die sich durch neue Formen des Zusammenwirkens von unterschiedlichen kommunalen und regionalen Akteuren auszeichnet.

Das Gelingen der Kooperation auf dem Feld der kommunalen Arbeitsmarkt- und Beschäftigungspolitik hängt jedoch nicht allein vom guten Willen der Akteure ab. Es steht auch unter dem Erwartungsdruck von Gesellschaft und unter den Anforderungen nationalstaatlicher Beschäftigungs- und suprastaatlicher europäischer Programme. Beide wirken auf das Handeln der kommunalen und regionalen Akteure ein und bringen das neue Politikfeld in Bewegung, ohne dass bislang gesagt werden kann, wohin die Entwicklung geht.

Die Frage nach den Erfolgsaussichten unterschiedlicher arbeitsmarkt- und beschäftigungspolitischer Strategien stand im Mittelpunkt einer internationalen Tagung an der Universität Cergy-Pontoise im September 2003. In praktisch allen Staaten der Europäischen Union zeigen sich nämlich beachtliche Aktivitäten, deren Umsetzungsgrad allerdings eine erhebliche Spannweite aufweist. Deshalb lohnt der Blick „über den Tellerrand". Während in Deutschland, insbesondere im Zuge der Hartz-Reformen, die Auseinandersetzung in Wissenschaft und Politik über die Bedeutung lokaler Gebietskörperschaften anhält, stehen diese in Frankreich in einer anderen historischen und kulturellen Tradition zentralstaatlicher Orientierung. Die Europäische Union hat das Thema lokaler Arbeitsmarkt- und Beschäftigungspolitik seit Ende der 1990er Jahre für sich entdeckt. Sie betrachtet die lokale Ebene als wichtigen Bestandteil der Beschäftigungsförderung. Ihr primäres Ziel ist es, die fragmentierten *policies* in den einzelnen Mitgliedsstaaten und in ihren lokalen Gebietskörperschaften zusammenzuführen. Diese Entwicklung zeitigt Folgen, die über das Gelingen einer kommunalen Arbeitsmarkt- und Beschäftigungspolitik mit entscheiden. Auch sie waren Gegenstand der angesprochenen Tagung. Der folgende Band vereinigt die aktualisierten Tagungsbeiträge.

Die Hans Böckler Stiftung und das Centre d'Information et de Recherche sur l'Allemagne Contemporaine haben Tagung und Drucklegung gefördert. Ihnen gebührt unser Dank.

Cergy-Pontoise und Marburg im September 2004 Die Herausgeber

Einleitung: Kommunale Arbeitsmarkt- und Beschäftigungspolitik im deutsch-französischen Vergleich

Leo Kißler, Werner Zettelmeier

Über die „Zukunft der Arbeit“ nachzudenken gehörte bis in die jüngste Vergangenheit zum Standardrepertoire sozialwissenschaftlicher Forschung und politischer Debatten. So haben in Deutschland ein Soziologietag, einige wissenschaftliche und gesellschaftspolitische Kongresse, zahlreiche Universitätsseminare und zahllose Publikationen sich mit dem Thema befasst. Dabei wurde vor allem eines deutlich: Die Zukunft der Arbeit ist ungewiss. Gewissheit herrscht jedoch darüber, dass sich die Zukunft der Arbeit „vor Ort“ entscheidet. Die Städten und Gemeinden sind nicht nur große Arbeitgeber, sie setzen auch nationalstaatliche und supranationale arbeits- und beschäftigungspolitische Programme um. Dies hat nicht zuletzt auch die wissenschaftliche Aufmerksamkeit umgelenkt: von der „Zukunft der Arbeit“ auf die Praxis einer kommunalen/regionalen Arbeitsmarkt- und Beschäftigungspolitik.

In Deutschland und Frankreich gehörte die staatliche Regulierung der Arbeitsmärkte zu den traditionellen Politikfeldern des Zentralstaates. Dieser schafft die Gesetze, Programme und Konzeptionen sowie die institutionellen Voraussetzungen für deren Umsetzung, die dann auf der kommunalen Ebene stattfindet.

Deutschland: Die Genese eines neuen Politikfeldes

In Deutschland ist das Politikfeld der staatlichen Arbeitsmarkt- und Beschäftigungspolitik in Bewegung gekommen, mehr noch: Mit dem Aufkommen von kommunalen Bündnissen für Arbeit, Paktstrukturen und Vernetzungen zwischen unterschiedlichen kommunalen und regionalen Akteuren ist neben dem traditionellen Politikfeld staatlich regulierter Arbeitsmarkt- und Beschäftigungspolitik ein neues Feld einer spezifisch kommunalen bzw. regionalen politischen Gestaltung von Arbeitsmarkt- und Beschäftigung entstanden. Motor dieser Bewegung ist in Deutschland die „Kommunalisierung der Arbeitslosigkeit“ (Empter/Frick

1999, S. 7); denn die hohe Arbeitslosigkeit setzt die Kommunen unter erheblichen finanz- und sozialpolitischen Handlungsdruck und zwingt zur Entwicklung arbeitsmarkt- und beschäftigungspolitischer Strategien. Die neuere Reformdebatte und -praxis, die in Deutschland unter dem Namen „Hartz-Reform" derzeit umgesetzt wird, zeigt neben der Ungewissheit über die Zukunftsaussichten noch ein Weiteres: die Unsicherheit der an der Politikgestaltung beteiligten Akteure. Unsicherheit herrscht in Bezug auf die Erfolgsaussichten ihres Handelns, ihrer Programme und Strategien. Sie nährt sich aus vielen Quellen.

Wer die Zukunft der Arbeit in der Kommune und Region mitgestalten möchte, und hierzu zählen in Deutschland zum Beispiel Kommunalpolitik, Arbeitsverwaltung, Gewerkschaften, Vertretung der Beschäftigten und Verwaltungsvorstände, aber auch sozialpolitische Akteure und Einrichtungen des so genannten dritten Sektors, bewegt sich in einer Unsicherheitszone. Die Akteure haben in der Regel unterschiedliche und zum Teil konfligierende Interessen und sind dennoch auf Kooperation angewiesen. Sie handeln im Spannungsfeld zwischen nationalstaatlichen Gesetzen, europäischen Programmen und vor allem unter hohen gesellschaftlichen Erwartungen an eine kommunale Arbeitsmarkt- und Beschäftigungspolitik. Auf der Reformagenda der Kommunen in Deutschland steht eine netzwerkorientierte, politikvernetzte kommunale Beschäftigungsförderung im Sinne einer „transversalen Politik", die kommunale Wirtschafts-, Beschäftigungs-, Arbeitsmarkt- und Sozialpolitik verknüpft (Henckel u. a. 1999, S. 378) und die Chance eröffnet, diese Politikfelder im Sinne einer neuen lokalen Beschäftigungspolitik zu reintegrieren (vgl. Schulze-Böing 2000, S. 9). Der nachhaltige Erfolg dieser Reintegration hängt folglich von der Kooperationsfähigkeit unterschiedlicher Akteure ab, die sowohl innerhalb der Kommunalverwaltungen als auch zwischen regionalen, öffentlichen und privaten Sektoren zusammenarbeiten müssen, um diese Verknüpfung unterschiedlicher Politikfelder und die Bündelung von Ressourcen zu garantieren.

Eine Vielfalt lokaler Kooperationsformen beinhaltet heute unterschiedliche Zielsetzungen, Inhalte, Akteure und erreichte Ergebnisse. Unsicherheit besteht jedoch nach wie vor bei der nachhaltigen Sicherung von Erfolgen und damit bei der Erfolgssicherung von Akteurskooperation für die Zukunft.

Die Praxis zeigt inzwischen, dass regionale beschäftigungspolitische Ansätze erhebliche Handlungspotentiale erschließen können, wenngleich keine kurzfristigen einschneidenden Erfolgsaussichten, kein massives „Netto-Ergebnis" zu erwarten sind. Das heißt aber: Beschäftigungspolitische Netzwerke, Bündnisse und Partnerschaften haben auf lokaler Ebene zwar Konjunktur, um einen Beitrag zur Lösung der arbeitsmarkt-, beschäftigungs-, wirtschafts- und sozialpolitischen Krisenprobleme zu leisten, gleichwohl ist vor überhöhten Erwartungen hinsichtlich schneller Erfolge von lokalen Kriseninterventionsstrategien zu warnen (vgl. ausführlich Kißler/Greifenstein/Wiechmann 2003). Die neuen Politikformen, in denen die Kommunen eine Schlüsselposition einnehmen, werden unter beschäftigungspolitischen Bewertungskriterien zwar als „leistungsfähiger und effektiver angesehen als flächendeckende Arbeitsmarktprogramme und eine zentralistische Arbeitsverwaltung" (Evers/Schulze-Böing 1999, S. 942); denn in vielen Kommunen konnten inzwischen passgenaue Lösungen vor Ort entwickelt werden, zumindest aber wurde versucht, Lösungen prozessual und bedarfsgerecht auf die lokalen Arbeitsmarktbedingungen zuzuschneiden. Die Folgen für eine kommunale Beschäftigungsförderung bzw. für die Vernetzung der zentralen und kommunalen Ebenen sind jedoch noch kaum absehbar und erfordern eine weitere (wissenschaftliche) Untersuchung. Für die deutsche Seite darf inzwischen jedoch als gesichert gelten, dass die kommunale Beschäftigungsförderung keineswegs im Ergebnis eine ausgewogene Arbeits- und Aufgabenverteilung zwischen Bund, Ländern und Kommunen darstellt. Vielmehr hat sich ein „duales System" von bundesstaatlicher und kommunaler Beschäftigungsförderung herausgebildet – mit Vernetzungen (z. B. aktive Kooperationsmodelle) mit Arbeitsämtern, (zukünftig Agenturen für Arbeit und Personalservice-Agenturen). Herausgebildet haben sich aber auch Parallelstrukturen (vgl. Freidinger 2003) und damit das Problem, wie die aktuelle Reformbewegung (Hartz-Reform) mit ihren arbeitsmarktpolitischen Instrumenten die Schnittstellen bzw. Zuständigkeiten (von Arbeitsverwaltung und Kommune) verändern, welche Folgen sie für die beteiligten Akteure zeitigt und welche regionalen Handlungsspielräume sie eröffnet oder verkleinert. Das komplexe Arrangement zwischen den beteiligten Akteuren, Institutionen und Strategien wird jedenfalls nicht einfacher, sondern bleibt unsicher. (vgl. Kißler/Greifenstein 2004)

Die kommunalen und regionalen Akteure bewegen sich aber nicht nur auf einem unsicheren, sondern vor allem auch auf einem hoch dynamischen Gelände. Der Veränderungsdruck auf die kommunale Arbeitsmarkt- und Beschäftigungspolitik ist enorm. Er speist sich zum einen aus dem offenkundigen Versagen nationalstaatlicher Programme und Strategien und zum anderen aus den hohen Erwartungen an Reformvorhaben (wie z. B. die gegenwärtige Hartz-Reform in Deutschland). Diese bringen Bewegung in die verkrusteten Strukturen der Arbeitsmarkt- und Beschäftigungspolitik, ohne dass bislang gesagt werden könnte, wohin die Bewegung führt. Häufig besteht nicht einmal Einigkeit über ihre

Ziele: Sollen arbeitsmarkt- und beschäftigungspolitische Programme und Strategien an dem Ziel einer Reintegration in den ersten Arbeitsmarkt ausgerichtet werden oder aber eher an sozialintegrativen Vorstellungen – oder sollen sie sich an politischen Margen der Regionalentwicklung orientieren?

Zusammenfassend bleibt festzuhalten: Die Zukunft der Arbeit in den Städten und damit die Zukunft einer kommunalen Arbeitsmarkt- und Beschäftigungspolitik ist ungewiss, gewiss ist nur die mit der Zukunftsgestaltung einhergehende Aufwertung der kommunalen und regionalen Ebene. Die hier agierenden Akteure sind unsicher und bewegen sich auf einem hoch dynamischen Politikfeld. Dieses steht in den letzten Jahren im Lichte der öffentlichen und wissenschaftlichen Aufmerksamkeit. Die ungelösten Fragen nach den Erfolgsaussichten einer kommunalen Arbeitsmarkt- und Beschäftigungspolitik begründen auch ein erhebliches aktuelles Forschungsinteresse und nicht zuletzt die Kooperation zwischen kommunalen und regionalen Praktikern über die Stadtgrenzen hinaus.

Auf beiden Feldern – Forschung und kommunale Praxis – waren in der letzten Dekade in Deutschland vor allem große Stiftungen (wie die Bertelsmann-Stiftung und die Hans Böckler Stiftung) und „Denkfabriken“ der Städten und Gemeinden (wie die KGSt) bestrebt, Forschung und praktische Zusammenarbeit zu ermöglichen. Das Netzwerk „Kommunen der Zukunft“ (1998 bis 2003), an dem sich ca. 100 Städte, Gemeinden und Kreise beteiligt haben, hat hierzu einen wichtigen Beitrag erbracht (zu den Netzwerkergebnissen vgl. Bertelsmann-Stiftung/ Hans Böckler Stiftung/ KGSt 2002). Aber auch eine Reihe von einschlägigen Forschungsarbeiten innerhalb und außerhalb dieses Netzwerkes bezeugt die Bedeutung und wachsende Aktualität des Themas.

Zur französischen Situation einer kommunalen bzw. regionalen Arbeitsmarkt- und Beschäftigungspolitik

Arbeitsmarkt- und Beschäftigungspolitik sind in Frankreich grundsätzliche Befugnisse des Zentralstaates. Sie gehören zu den grundlegenden Aufgaben staatlichen Handelns, die sich aus dem Sozialstaatsgebot und dem im französischen Kontext besonders ausgeprägten Verständnis des Gleichheitsgebots ableiten lassen. Danach kann nur der Staat die Gleichbehandlung der Bürger garantieren, wohingegen nicht-zentralstaatliche Akteure, auch wenn sie wie die Gebietskörperschaften öffentliche Einrichtungen sind, eher als Partikularinteressen vertretende oder lokalen klientelistischen Versuchungen unterworfene Institutionen angesehen werden, gegenüber denen der Staat das sowohl verfassungsrechtlich verbriefte als auch geistes- und kulturgeschichtlich im kollektiven Bewusstsein tief verankerte Gleichheitsgebot durchzusetzen hat. In der Analyse der öffentlichen Politik in Frankreich ist daher eine Debatte über die Verteilung der Kompetenzen zwischen den einzelnen horizontalen Ebenen des Staats eher ungewöhnlich, denn es ist klar, dass staatliches Handeln der Logik einer vertikalen und ressortspezifischen Organisation verpflichtet ist, die wenig Platz lässt, zumindest in der Vergangenheit wenig Platz ließ, für ressortübergreifende Vorgehensweisen und eine Aufteilung von Verantwortlichkeiten nach den existierenden horizontalen Ebenen der öffentlichen Verwaltung. An der Regelung der institutionellen und rechtlichen Zuständigkeiten für die Arbeitsmarkt- und Beschäftigungspolitik haben auch alle seit 1982 unternommenen Dezentralisierungsbestrebungen, die den Entscheidungsinstanzen unterhalb der zentralstaatlichen Ebene (im wesentlichen den drei Kategorien der französischen Gebietskörperschaften, nämlich den ca. 36.000 Gemeinden, den 95 Départements und den 22 Regionen, ohne die französischen Überseegebiete) durchaus mehr Verantwortung und in einigen Teilbereichen des öffentlichen Handelns eine größere Autonomie gegeben haben, nichts geändert. Dabei sollte die Dezentralisierung das öffentliche Handeln stärker auf die spezifischen sozioökonomischen Bedürfnisse der unterhalb der nationalen Ebene bereits bestehenden bzw. neu definierten „territoires“ im Sinne räumlich abgegrenzter Politiken abstimmen und somit eine größere Effizienz und Bürgernähe erreichen. So haben die Départements die Zuständigkeit für die Durchführung bestimmter Sozialhilfeleistungen bekommen, insbesondere für die Finanzierung und Auszahlung des Mindesteinkommens zur sozialen Eingliederung (revenu minimum d'insertion), seit 1. Januar 2004 umbenannt in Mindesterwerbseinkommen (revenu minimum d'activité). Der Staat behält lediglich die allgemeine Gesetzgebungskompetenz in diesem Bereich, das heißt er setzt die Mindestsozialhilfesätze fest und definiert die Mindestvoraussetzungen für deren Erhalt. Die in den 70er Jahren geschaffenen Regionen werden als jüngste Entscheidungsebene im französischen Staatsaufbau erst 1982 zu vollwertigen Gebietskörperschaften. Sie haben seit diesem Zeitpunkt nach und nach größere Zuständigkeiten zum Beispiel im Bereich der Berufsbildungspolitik bekommen, für die sie seit 1993 grundsätzlich eine Art Generalkompetenz haben, was die Definition und Umsetzung eines regional kohärenten Angebots im Bereich der beruflichen Erst- und Weiterbildung betrifft. Diese beiden Handlungsfelder öffentlicher Politik stehen ganz offensichtlich in enger

Beziehung mit der Arbeitsmarkt- und Beschäftigungspolitik, ihre Dezentralisierung auf zwei der Entstehungsgeschichte nach sehr unterschiedliche Gebietskörperschaften, war aber dem Anliegen eines lokal bzw. regional kohärenten öffentlichen Handelns im sozialen Bereich nicht unbedingt förderlich. Unter dem Aspekt einer besseren Abstimmung auf lokale bzw. regionale Bedürfnisse sowie der Effizienzsteigerung wäre auch eine institutionelle Dezentralisierung der Arbeitsmarkt- und Beschäftigungspolitik im engeren Sinne denkbar gewesen, denn ähnlich wie für Deutschland stellt auch in Frankreich eine in Umfang, Dauerhaftigkeit und gesamtgesellschaftlichen Folgen vergleichbar angespannte Beschäftigungslage die Problemlösungskapazitäten des französischen Staates in Frage und zwingt diesen, nach neuen Strategien, praktischen Ansätzen und institutionellen Partnern zur Sicherung der „Zukunft der Arbeit“ zu suchen. Doch ist die Regulierung des Arbeitsmarktes in Frankreich grundsätzlich eine zentralstaatliche Angelegenheit geblieben.

Dennoch ist auch in Frankreich die Rede von der Territorialisierung der Beschäftigungspolitik, und zwar im Sinne der Umsetzung und gar der spezifischen Definition einer solchen Politik für abgegrenzte Räume unterhalb der gesamtstaatlichen Ebene. Dies führt zwangsläufig zu einer gewissen Vielfalt der Formen des Handelns und stellt die Frage nach der Legitimation der Akteure, da diese sich nicht aus der Verteilung der institutionellen Zuständigkeiten ergibt. Es gibt in der Tat seit ein paar Jahren eine Reihe von lokalen und regionalen Initiativen zur Beschäftigungsförderung für ausgewählte Problemgruppen, es gibt ebenfalls eine stärkere Einbindung lokaler und regionaler Akteure in die staatlichen Maßnahmen, nicht zuletzt unter dem auch in Deutschland diskutierten Aspekt der größeren Problemnähe und der damit erhofften höheren Effizienz dieser Maßnahmen. Wenn sich also an den gesetzlichen Grundlagen nichts oder nur wenig geändert hat, dann muss danach gefragt werden, warum Beschäftigungspolitik auch von anderen Akteuren als den zentralstaatlichen gemacht wird. Wie wird sie wahrgenommen und an welche Grenzen stößt sie?

Dabei zeigt sich für die französische Situation ähnlich wie für die deutsche, dass die lokalen und regionalen Akteure sich auf „einem unsicheren, und vor allem höchst dynamischen Gelände“ bewegen, wenn auch die Gründe für diese Unsicherheiten bzw. Dynamik nicht nur in der Natur des spezifischen Politikfeldes der Arbeitsmarkt- und Beschäftigungspolitik liegen, und damit vergleichbar mit den deutschen Unsicherheiten sind, sondern auch in der Akteurskonstellation. Im Gegensatz zu den deutschen Gebietskörperschaften sind die französischen für die Übernahme von Kompetenzen bzw. Entwicklung von eigenständigen Initiativen im Bereich der Arbeitsmarktpolitik oder auch der regionalen Wirtschaftsförderungspolitik weit weniger gerüstet, weil die Départements in ihrer zweihundertjährigen Geschichte niemals als Wirtschaftsräume fungiert haben und die Regionen im europäischen Maßstab gesehen dafür zu klein sind. Das Bestreben einer Territorialisierung von traditionell zentralstaatlich regulierten Politikfeldern unter dem Schlagwort der „décentralisation“ wirft in Frankreich somit in grundsätzlicher Weise auch immer wieder die Frage nach dem Sinn, der Zweckmäßigkeit und der Leistungsfähigkeit der bestehenden substaatlichen Entscheidungsebenen auf. Die heftigen Proteste und wochenlangen Streiks gegen die Dezentralisierungsversuche in der Verwaltung des Bildungswesens im Jahr 2003 haben diese grundsätzliche Dimension der Debatte über öffentliche Politik eindrucksvoll bestätigt.

Die vergleichende Betrachtung der Entstehung und der Tragweite von kommunaler bzw. regionaler Arbeitsmarkt- und Beschäftigungspolitik in Deutschland und Frankreich zeigt, dass Motivationen und Problemlagen durchaus ähnlich sind, auch wenn der institutionelle Kontext verschieden bleibt. Der Vergleich ist, über den Erkenntnisgewinn im speziellen Feld der Arbeitsmarkt- und Beschäftigungspolitik hinaus, somit auch ein Lehrstück der vergleichenden Betrachtung von öffentlichen Handeln schlechthin, seinen Möglichkeiten und Grenzen, seiner Wahrnehmung, anders ausgedrückt, der in beiden Ländern verfolgten Modernisierungsstrategien öffentlicher Politik und der Abhängigkeit dieser Ansätze vom jeweiligen soziokulturellen Kontext. Die bisherigen Territorialisierungsansätze von ursprünglich zentralstaatlich regulierten Politikfeldern in Frankreich zeigen deutlich, dass die „décentralisation“ insgesamt noch ein im Anfangsstadium befindlicher Prozess ist, der trotz durchaus positiver Ergebnisse in der Durchführung von einzelnen Maßnahmen noch nicht das erforderliche Vertrauen der betroffenen Akteure bzw. breiter Bevölkerungsschichten genießt. Dies nicht zuletzt, weil es zu keiner Rationalisierung der bestehenden Entscheidungsebenen selbst gekommen ist und die Umverteilung der Kompetenzen auf die einzelnen substaatlichen Entscheidungsebenen wenig transparent ist. Dennoch ist, nicht zuletzt auch inspiriert durch den Vergleich mit anderen Ländern bzw. durch Impulse auf europäischer Ebene, ein (langsamer) Wandel der politisch-administrativen Kultur Frankreichs feststellbar, der den Akteuren bzw. Entscheidungsebenen unterhalb der zentralstaatlichen Ebene neue Bedeutung zukommen lässt.

Die Befürworter einer weitergehenden Dezentralisierung öffentlicher Politik gerade im Sozialbereich kritisieren, dass die Gebietskörperschaften zwar eine größere formale Autonomie hierfür bekommen haben, dass sie aber fürchten müssen, nicht über die (finanziellen) Mittel zur Umsetzung dieser Autonomie verfügen zu können, da diese nach wie vor überwiegend von den nachgeordneten staatlichen Behörden auf regionaler und departementaler Ebene und nicht von den den Gebietskörperschaften eigenen Verwaltungsstrukturen kontrolliert werden. Die Gefahr der Entstehung neuer Ungleichheiten durch eine stärkere Territorialisierung öffentlichen Handelns im sozialen Bereich sehen auch die Befürworter einer weitergehenden Dezentralisierung, doch weisen sie darauf hin, dass auch die klassische zentralstaatliche Regulierung öffentlicher Politik bislang den Beweis einer vollkommenen Gleichbehandlung aller Bürger schuldig geblieben ist.

Das Beispiel der Territorialisierung der Arbeitsmarkt- und Beschäftigungspolitik zeigt, dass der Bedeutungszuwachs der Gebietskörperschaften nicht notwendigerweise mit einer globalen Änderung der institutionellen Zuständigkeiten einhergeht, sondern dass ähnlich wie in Deutschland vielfach der Problemdruck der angespannten Beschäftigungslage „vor Ort“ den Gebietskörperschaften, insbesondere den Kommunen, neue Legitimationsspielräume eröffnet, die diese in unterschiedlicher Weise wahrnehmen. Die wissenschaftliche Begleitung und Evaluierung dieser neuen Vielfalt von lokalen und regionalen Initiativen stellt auch eine Herausforderung für die in Frankreich überwiegend zentralstaatlich definierte und organisierte Forschungspolitik dar. Hier haben der Blick über die Grenzen und natürlich auch gemeinsame europäische Forschungsinitiativen den Blick für eine notwendige Überprüfung des traditionellen konzeptionellen Analyseinstrumentariums öffentlichen Handelns schärfen können. Darüber hinaus bemühen sich die lokalen und regionalen Akteure vor Ort um einen teils selbstorganisierten, teils zentralstaatlich initiierten praktischen Erfahrungsaustausch, der angesichts der relativ begrenzten Autonomie der nicht-zentralstaatlichen Akteure der Arbeitsmarkt- und Beschäftigungspolitik für das Entstehen von längerfristig wirksamen lokalen und regionalen Netzwerken von zentraler Bedeutung ist.

Zu den Beiträgen

Die folgenden Beiträge dokumentieren Inhalte und Verlauf einer deutsch-französischen Tagung zu Problemen der kommunalen Arbeitsmarkt- und Beschäftigungspolitik in beiden Ländern. Sie verfolgen drei Ziele: Zum einen sollen länderspezifische Überblicke über Akteure und Strukturen einer kommunalen Arbeitsmarkt- und Beschäftigungspolitik das Profil dieses neuen Politikfeldes markieren. Hierbei wird insbesondere der Frage nachgegangen, welche Kraft kommunale und regionale Akteure im Rahmen der jeweiligen Kommunalverfassungen, institutionellen Arrangements und etablierten Akteursbeziehungen entfalten. Hierzu werden die kommunalen und regionalen Paktstrukturen, Netzwerke und Bündnisse für Arbeit beleuchtet.

Zum andern wird über die Theorie-/Praxisgrenze hinweg ein Diskurs versucht mit dem Zweck, Orientierungshilfe auf dem Weg zu einer kommunalen Arbeitsmarkt- und Beschäftigungspolitik zu geben, die gelingt. Dabei sind die „Stolpersteine" auf diesem Weg kenntlich zu machen, aber auch ein Erfahrungsaustausch über die bisherige Praxis und die Diskussionen von Erfolgsaussichten zu ermöglichen. Mit den Beiträgen ist deshalb auch beabsichtigt, die Relevanz der kommunalen Ebene im vertikalen europäischen Mehrebenensystem in unterschiedlichen Ländern zu beleuchten (wobei Deutschland und Frankreich im Mittelpunkt stehen), aber auch der Frage nachzugehen, welchen Einfluss die Binnenverfassung der Länder auf die Erfolgsaussichten einer kommunalen Arbeitsmarkt- und Beschäftigungspolitik nimmt.

Und schließlich stellen die Beiträge Ergebnisse bisheriger Forschungsarbeit vor. Von deutscher Seite werden hierbei zwei Untersuchungen präsentiert, die von der Hans Böckler Stiftung gefördert wurden: zum einen eine Studie zum Vergleich verschiedener Policies auf dem Feld der kommunalen Beschäftigungspolitik im europäischen Vergleich (Beitrag Kißler/Schneider) und zum andern eine Evaluation der kommunalen Bündnisse für Arbeit in Essen und Wuppertal (Beitrag Wiechmann).

Der Beitrag von *Matthias Schulze-Böing* liefert Basiswissen zur historischen Situation der Städte und Gemeinden als arbeitsmarkt- und beschäftigungspolitische Akteure im Spannungsfeld zwischen kommunaler Selbstverwaltung und staatlicher Regulierung und gibt zugleich Aufschluss über die neueste Entwicklung in der Bundesrepublik Deutschland. Dabei werden die Parameter der Genese einer kommunalen/regionalen Arbeitsmarkt- und Beschäftigungspolitik als neuem Politikfeld herausgearbeitet und am Beispiel der Stadt Offenbach Initiativen und Maßnahmen einer kommunalen Politik auf diesem Feld erläutert, die Erfolge aufzuweisen hat. Hieraus lassen sich Perspektiven für die derzeit in der Bundesrepublik Deutschland anstehende neue strategische Ausrichtung einer die unterschiedlichen Felder der Wirtschafts-, Beschäftigungs-, Arbeitsmarkt- und Sozialpolitik integrierenden Strategie verdeutlichen.

Über diesen einführenden Beitrag hinaus geben die folgenden Texte Antworten auf die Frage, welche Akteure bei der Gestaltung einer solchen integrierten Arbeitsmarkt- und Beschäftigungspolitik mitwirken und wie sie dies mit welchen Erfolgsaussichten in unterschiedlichen kommunalen und regionalen Zusammenhängen tun.

Thomas Herbing skizziert hierzu die Programmatik der Gewerkschaft ver.di für eine lokale Beschäftigungspolitik, die strukturpolitisch in einen regionalen Bezugsrahmen eingeordnet wird und die die Erfahrungen der Beschäftigten des öffentlichen Sektors und ihrer Gewerkschaft nutzt.

Jürgen Gallenstein zeigt am Beispiel der Stadt Hamburg die Erfolgsaussichten eines spezifisch kommunalen Policy-Mix auf dem Feld der Arbeitsmarktpolitik und lenkt damit den Blick auf ein anderes Akteursspektrum, das neben der Kommune auch die Landesebene des Stadtstaates Hamburg mit einbezieht. Der Beitrag verdeutlicht zugleich die Politikabhängigkeit der arbeitsmarkt- und beschäftigungspolitischen Programme und ihre Umsetzung, in dem der „Strategiewechsel" nach dem politischen Machtwechsel (von einer rot-grünen Koalition zu einer konservativen Koalition Ende 2001) nachgezeichnet wird.

Mit dem Hamburger Beispiel eines Strategiewechsels wird zugleich ein zentrales Problem der Akteurskonstellationen und Umsetzungsstrategien bzw. – erfolge genannt, nämlich deren Nachhaltigkeit. Die Frage, wie nach einer politischen Grundsatzentscheidung Programme und Strategien auf dem Feld der kommunalen Arbeitsmarkt- und Beschäftigungspolitik so umgesetzt werden können, dass die Erfolge nachhaltig gesichert sind, kennzeichnet zugleich eines der Kernprobleme kommunaler Bündnisse für Arbeit in Deutschland. Es handelt sich hierbei, wie *Elke Wiechmann*, eine zweijährige wissenschaftliche Evaluation der kommunalen Bündnisse in den Großstädten Essen und Wuppertal resümierend darstellt, um ein Kernproblem neuer Akteursarrangements und Politikformen auf diesem Feld. Mit der empirisch-wissenschaftlichen Analyse und Evaluation der beiden kommunalen Bündnisse werden zum ersten Mal für den bundesdeutschen Forschungskontext Einblick in die diffizile Binnenverfassung gegeben und die bisherigen belegbaren Erfolge an den anfänglichen Erwartungen und Bündniszielen gemessen. Im Ergebnis können Erfolgsparameter für eine durch Bündnisse zwischen den traditionellen neo-korporatistischen Akteuren geschlossene Pakte zur Gestaltung des neuen Politikfelds aus den bisherigen Praxiserfahrungen destilliert werden.

Der Beitrag von *Thierry Berthet* schildert in einem ersten Teil die Entwicklung der territorialen Verankerung der französischen Beschäftigungspolitik in den letzten 20 Jahren. Das Hauptaugenmerk gilt hierbei dem Wandel von Zielsetzung und Funktionsweise der öffentlichen Arbeitsverwaltung (ÖAV) unter dem Einfluss der Dezentralisierungsbemühungen der staatlichen Verwaltung seit Beginn der 80er Jahre. Ein zweiter Teil des Beitrags behandelt die Beziehung zwischen Zentralstaat und den Gebietskörperschaften hinsichtlich der Durchführung der Beschäftigungspolitik. Er fragt ebenfalls nach den legitimatorischen Grundlagen für die Intervention der Kommunen in ein nach wie vor zentralstaatlich reguliertes Politikfeld.

Suzanne Hunkeler gibt in ihrem Beitrag einen kurzen Überblick über Entstehung und aktuelle Funktionsweise der seit Beginn der 90er Jahre in Frankreich existierenden lokalen Pläne für Eingliederung und Beschäftigung (PLIE), die sich seitdem zu einem privilegierten Instrument der lokalen Beschäftigungspolitik entwickelt haben. Seit 1997 gibt es mit der Gründung von EUROPLIE zudem einen Zusammenschluss von fast 140 der knapp 200 derzeit existierenden lokalen Plänen in einem Verein, der den Erfahrungsaustausch zwischen den in den lokalen Initiativen befassten Akteuren in Frankreich fördern, sowie als Anlaufstelle für die grenzüberschreitende Zusammenarbeit der PLIE mit ähnlichen Initiativen im Ausland dienen soll.

Agnès Rouchette stellt in ihrem Beitrag anhand der Darstellung des Plans für Eingliederung und Beschäftigung des Stadtverbands Cergy-Pontoise eine konkrete Form der Mobilisierung einer breiten Palette von lokalen Akteuren für ein anspruchsvolles Ziel dar, nämlich möglichst allen arbeitsuchenden Bürgern der Kommune eine qualitativ ansprechende Beschäftigung zu vermitteln.

Der Beitrag von *Muriel Maillefert* gibt einen Überblick über den Stand der wirtschaftswissenschaftlichen Forschung zur Frage der Territorialisierung der Beschäftigungspolitik in Frankreich. Sie zeigt, dass seit ca. 20 Jahren die Kritik an den offensichtlichen Grenzen der staatlichen Beschäftigungspolitik zur Entwicklung von Territorialisierungsstrategien und damit letztendlich zu einer Reflexion über ein aktualisiertes Verständnis der Grundsätze öffentlichen Handelns, insbesondere des Staates, und deren Analyse geführt hat.

Leo Kißler und *Karsten Schneider*, lenken im Schlussteil den Blick über den nationalen Tellerrand und schildern die Forschungslage in ausgewählten Ländern der europäischen Union. Auf der Grundlage von maßgeblichen Forschungsarbeiten und vorliegenden Dokumenten und gestützt auf die international vergleichende Untersuchung im Auftrag der Europäischen Kommission und weiterer

Forschungsarbeiten zu „territorialen Beschäftigungspakten" werden die Erfolgsaussichten einer Regionalisierung bzw. Kommunalisierung der Arbeitsmarkt- und Beschäftigungspolitik, wie sie der programmatischen Orientierung durch die europäische Kommission entspricht, diskutiert. Bislang offengebliebene Fragestellungen und damit weiterer Forschungsbedarf lassen sich dadurch identifizieren und sollten zur Lektüre der Beiträge und des abschließenden Resümes von *Peter Jansen* motivieren.

Literatur

Bertelsmann-Stiftung/Hans Böckler Stiftung/KGSt 2002: Kommunen der Zukunft – Konzepte für die kommunale Praxis (CD-Rom)

Empter, Stefan/Frick, Frank (Hrsg.) 1999: Beschäftigungsorientierte Sozialpolitik in Kommunen. Strategien zur Integration von Sozialhilfeempfängern in das Erwerbsleben. Bertelsmann-Stiftung. Gütersloh

Evers, Adalbert/Schulze-Böing, Matthias 1999: Öffnung und Grenzen. Wandel und Herausforderungen lokaler Beschäftigungspolitik. In: Zeitschrift für Sozialreform, Heft 11/12, 1999, S. 940-960

Freidinger, Guido 2003: Große Herausforderungen. In: der gemeinderat, Nr. 02, S. 10-12

Henckel, Dietrich/Eberling, Matthias/Grabow, Busso, 1999: Zukunft der Arbeit in der Stadt. Schriften des Deutschen Instituts für Urbanistik, Bd. 92, Stuttgart, Berlin, Köln

Kißler, Leo/Greifenstein, Ralph/Wiechmann, Elke 2003: Kommunale Bündnisse für Arbeit: Neue Perspektiven für die Zukunft der Arbeit in den Städten. Berlin

Kißler, Leo/Greifenstein, Ralph 2004: Hartz-Reform und Gesetze zu neuen Dienstleistungen am Arbeitsmarkt: Prognose der Folgen für kommunale Beschäftigungsförderung und lokale Bündnisse für Arbeit. Marburg/Bestwig 2004

Schulze-Böing, Matthias 2000: Teilhabe, Qualifizierung und Aktivierung – lokale Beschäftigungspolitik in europäischer Perspektive (hektographiertes Vortragsmanuskript)

I Bundesrepublik Deutschland

Erfolg ohne Mandat: Die Kommunen als arbeitsmarktpolitische Akteure in Deutschland

Matthias Schulze-Böing

Vorbemerkung

Die lokale und regionale Ebene hat in den letzten Jahren in der Arbeitsmarkt- und Beschäftigungspolitik zunehmende Bedeutung erhalten. Die OECD, aber auch die Europäische Union und viele andere Institutionen haben sich deshalb für eine nachhaltige Stärkung dieser Ebene ausgesprochen. Die entscheidenden Vorteile der lokalen Ebene liegen offensichtlich

- in ihrer Problemnähe,
- in ihrer Möglichkeit „soziales Kapital", das heißt Beziehungsnetzwerke, persönliche Bindungen und Vertrauen für gemeinsame Ziele zu mobilisieren,
- in der Möglichkeit, verschiedene Politikbereiche zu verknüpfen und für die Förderung von Beschäftigung nutzbar zu machen,
- in der besonderen Effizienz lokal gesteuerten Mitteleinsatzes.

Die Handlungsmöglichkeiten der lokalen Ebene sind jedoch stets sehr stark abhängig von den rechtlichen und politischen Rahmenbedingungen der einzelnen Länder. Dies gilt insbesondere für die Möglichkeiten der Kommunen, die in den Mitgliedstaaten der Europäischen Union sehr unterschiedliche Ausgangsbedingungen für ihr Handeln haben.

In der nachfolgenden Skizze soll die beschäftigungspolitische Rolle der Kommunen in Deutschland im Gefüge der staatlichen Ordnung und der historischen Entwicklungspfade dieses Landes beschrieben werden.

Arbeitsmarktpolitik im Spannungsfeld kommunaler Selbstverwaltung und staatlicher Verantwortung

Die Bundesrepublik Deutschland ist bekanntlich ein föderaler Bundesstaat. Es gibt zwei staatliche Ebenen, die der Länder und die des Bundes. Die Staatlichkeit des Bundes ist aus der der Länder abgeleitet. Die Kommunen sind nach der Verfassung der Bundesrepublik in die Länder inkorporiert, sind also rechtlich gesehen Teil der Länder und ihnen unterstellt. Dennoch hat die kommunale Selbstverwaltung in Deutschland einen hohen Rang und ist in der Verfassung garantiert. Die kommunale Ebene hat in Deutschland eine vergleichsweise große Bedeutung. Kommunen haben das Recht, bestimmte eigene Steuern zu erheben und Satzungen für Angelegenheiten der öffentlichen Ordnung auf örtlicher Ebene zu erlassen. Zugleich haben die Kommunen in Deutschland für einen großen Bereich der elementaren Daseinsvorsorge in Deutschland eine originäre Zuständigkeit.

Dazu gehört nicht zuletzt die Armenfürsorge und Sozialhilfe, die in Deutschland zwar durch ein Bundesgesetz geregelt wird, aber in der Zuständigkeit der Kreise und kreisfreien Städte (d. h. der größeren Städte über ca. 100.000 Einwohnern) liegt. Die Armenfürsorge hat sich in Deutschland wie in vielen anderen europäischen Ländern historisch aus Initiativen in den Städten heraus entwickelt. 1963 wurde dafür mit dem „Bundessozialhilfegesetz" (BSHG) ein rechtlicher Rahmen geschaffen, der bundesweit einheitlich Rechtsansprüche für die Bürger zur Absicherung in Notsituationen definiert hat. Die Durchführung des BSHG und die Finanzierung beließ man bei den Kommunen. Man ging damals davon aus, dass die übergeordneten sozialen Sicherungssysteme wie die Rentenversicherung, die Arbeitslosenversicherung und die Krankenversicherung nach und nach alle Lebensrisiken abdecken würden, so dass die Sozialhilfe nur noch einen immer kleineren Teil der Bevölkerung erforderlich wäre. Dieser kleine Teil der Bevölkerung, so die Annahme, könne am besten durch eine sehr stark in den örtlichen Verhältnissen verankerte Hilfeform abgesichert werden, da dabei die konkreten Lebenshintergründe der Betroffenen in besonderem Maße berücksichtigt werden könnten und die Hilfe individuell passgenau geleistet werden könne.

Die Arbeitsmarktpolitik war dagegen in Deutschland ursprünglich als staatliche Aufgabe angelegt. Mit dem Arbeitsförderungsgesetz von 1969 (AFG) wurde Arbeitsmarktpolitik für Deutschland umfassend geregelt, von den Versorgungsleistungen für die Arbeitslosen bis hin zu den Aufgaben „aktiver" Arbeitsmarkt-

politik, also der Arbeitsvermittlung, der beruflichen Fortbildung und der individuellen Arbeitsförderung, geregelt (Kühl 1982). Die Durchführung dieses Gesetzes liegt bei der Bundesanstalt für Arbeit, einer der größten staatlichen Behörden Deutschlands mit rund 90.000 Mitarbeitern und rd. 140 regionalen Arbeitsämtern in Westdeutschland sowie weiteren 40 Arbeitsämtern, die nach der deutschen Einigung in den neuen Ländern Ostdeutschlands eingerichtet worden sind. Diese Behörde ist direkt dem zuständigen Fachministerium der Bundesregierung unterstellt.
Es gibt in diesem System zwei Leistungen an Arbeitslose:

1. Das Arbeitslosengeld als eine Versicherungsleistung für diejenigen, die aufgrund Beitragszahlungen an die Arbeitslosenversicherung entsprechende Ansprüche erworben haben. Das Arbeitslosengeld wird in der Höhe von knapp zwei Dritteln des letzten Nettogehalts des Arbeitslosen befristet auf 12 Monate (bei älteren Arbeitslosen bis zu 48 Monaten) gezahlt. Das Arbeitslosengeld wird aus Mitteln der Arbeitslosenversicherung gezahlt.
2. Die Arbeitslosenhilfe für diejenigen Arbeitslosen, die keine Ansprüche auf Arbeitslosengeld erworben haben oder deren Ansprüche ausgelaufen sind. Diese Hilfe wird beträgt 50 bis 60 Prozent des letzten Nettoeinkommens und wird nur bei nachgewiesener Bedürftigkeit gezahlt. Auch der Bezug von Arbeitslosenhilfe ist an zuvor erworbene Ansprüche aus Erwerbstätigkeit gebunden. Finanziert wird sie im Unterscheid zum Arbeitslosengeld aus Steuermitteln des Bundes.

Die Grundgedanken bei der Zuweisung der Verantwortung für den Arbeitsmarkt an den Bundesstaat waren, dass Arbeitsmarktpolitik als gesamtstaatliche Aufgabe gesehen wird, dass auch die für den Arbeitsmarkt wichtigen Wirtschafts-, Steuer- und Finanzpolitik bundeseinheitlich zu regeln sind und, nicht zuletzt, dass Arbeitsmarktpolitik einen Ausgleich zwischen strukturschwachen Regionen mit hoher Arbeitslosigkeit und strukturstarken Regionen mit günstiger Beschäftigungslage herstellen soll.

Soziale Fürsorge als Aufgabe der subsidiären örtlichen Einheiten, Arbeitsmarktpolitik als staatliche Aufgabe zentraler bundeseinheitlicher Strukturen – so das ordnungspolitische Grundkonzept in Deutschland aus den 60er und 70er Jahren.

Ab Mitte der 80er Jahre wurde dieses Grundkonzept jedoch zunehmend in Frage gestellt. Die anhaltende Massenarbeitslosigkeit und zugleich eine Politik der Kürzung von Sozialleistungen auf Bundesebene führten dazu, dass immer mehr Arbeitslose aus dem System von Arbeitslosengeld und Arbeitslosenhilfe heraus fielen bzw. gar nicht erst die erforderlichen Ansprüche erwerben konnten. Die Sozialhilfe als „unterstes Netz“ der sozialen Sicherheit wurde zunehmend für die Absicherung im Fall von Arbeitslosigkeit in Anspruch genommen. Die Zahl der Sozialhilfebezieher stieg von den 60er Jahren bis zum Jahr 2002 ungefähr um den Faktor 6. Dadurch wurden die Kommunen zum Teil erheblich belastet. Da es in diesem Bereich auch keinen Ausgleichsmechanismen zwischen geringer und stärker belasteten Städten und Regionen gibt, führte diese Entwicklung dazu, dass insbesondere große Städte in Regionen mit besonderen Strukturproblemen in massive Haushaltsprobleme gerieten.

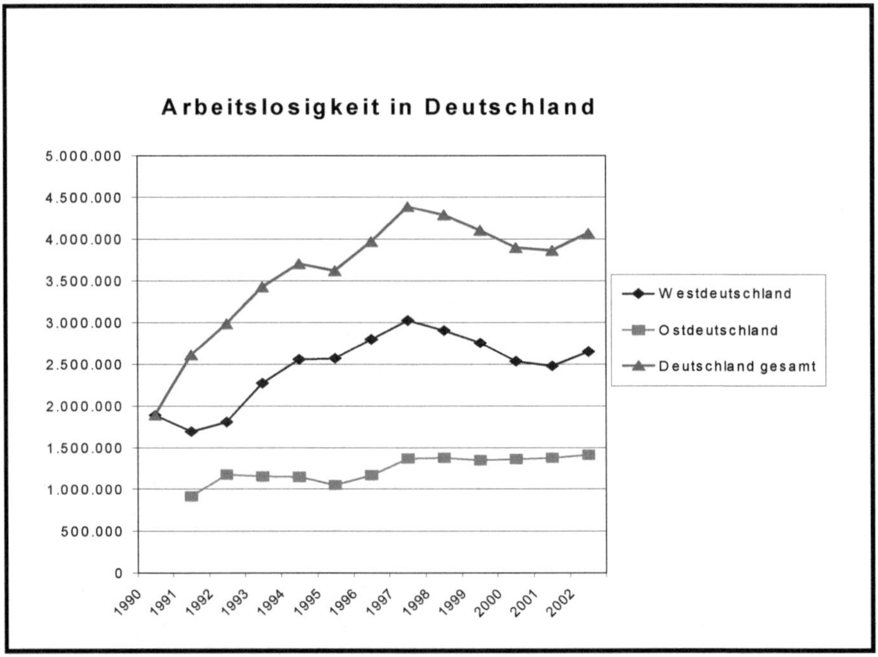

Quelle: Bundesanstalt für Arbeit

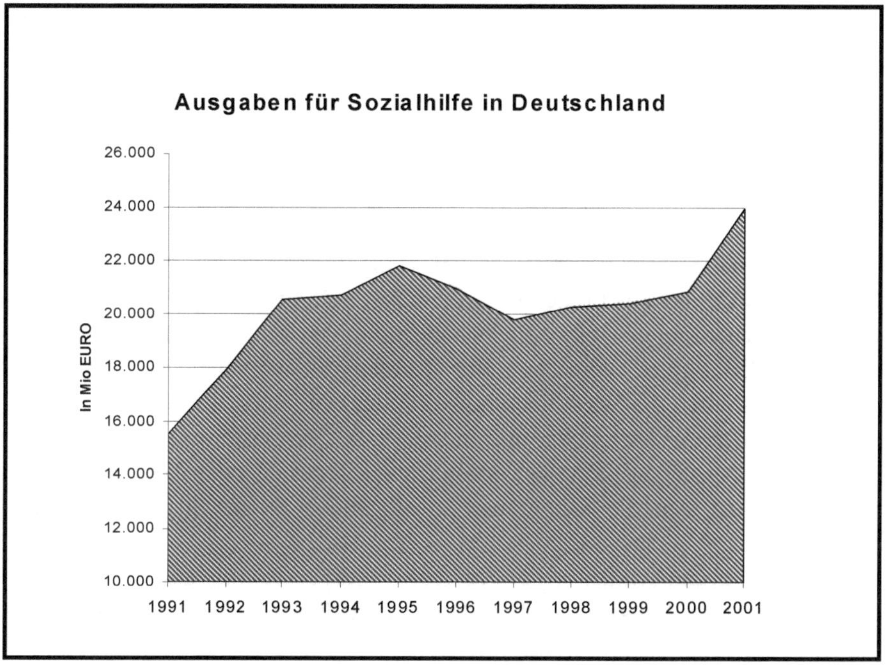

Quelle: Statistisches Bundesamt

Ein immer größerer Teil der Arbeitslosigkeit wurde jetzt nicht mehr über die Bundesanstalt für Arbeit, sondern direkt aus dem Budget der Sozialhilfe finanziert. Gewissermaßen „systemfremd" wurde ein großer Teil der Arbeitslosigkeit kommunalisiert. Einzelne Städte wurden mit existenzbedrohenden Finanzierungsproblemen konfrontiert. Die Stadt Offenbach am Main etwa, eine der Städte mit einer hohen Sozialhilfequote, musste im Jahr 2003 rund 40 Prozent des Verwaltungshaushaltes für Sozialhilfe aufwenden. Damit standen für andere kommunale Aufgabengebiete wie Kultur, Sicherheit, Sport und anderes natürlich entsprechend weniger Mittel zur Verfügung. Gerade die für die wirtschaftliche Entwicklung immer wichtigeren „weichen" Standortfaktoren werden damit gefährdet.

Im Jahr 2003 gab es in Deutschland rund 1,68 Millionen Sozialhilfeempfänger im Alter zwischen 15 und 64 Jahren. Davon waren ca. 990.000 erwerbsfähig, aber nicht erwerbstätig. 732.000 Sozialhilfeempfänger waren arbeitslos gemeldet. Darunter waren 34 Prozent, die neben der Sozialhilfe eine der beiden oben beschriebenen Leistungen nach dem Arbeitsförderungsgesetz (Sozialgesetzbuch

III) bezogen. Die Ausgaben für „Hilfe zum Lebensunterhalt" nach dem BSHG lagen 2003 bei ca. 8,8 Mrd. Euro[1].

Initiativen kommunaler Beschäftigungsförderung

Die Kommunen haben auf diese Entwicklung vereinzelt seit Mitte der 80er Jahre, verstärkt und auf breiter Basis seit Anfang der 90er Jahre mit eigenen lokalen Beschäftigungs- und Arbeitsmarktinitiativen reagiert. Mehr und mehr Städte und Landkreise versuchten, der „negativen" Kommunalisierung von Arbeitslosigkeit durch die Verschiebung in die Sozialhilfe eine „positive" Kommunalisierung der Arbeitsmarktpolitik durch lokale Projekte entgegenzusetzen. Ohne dass im strengen Sinne ein ordnungspolitisches Mandat dafür vorhanden war, formierten sich die Kommunen so allmählich als arbeitsmarktpolitische Akteure.

Im Vordergrund standen dabei Programme zur Beschäftigung von Sozialhilfeempfängern und Langzeitarbeitslosen. Aber auch Ausbildungsprogramme für benachteiligte Jugendliche und in den letzten Jahren Aktivitäten zur Förderung von Existenzgründungen stellen wichtige Schwerpunkte in diesem neu entstandenen kommunalen Aufgabenportfolio dar.

Ein großer Teil der kommunalen Beschäftigungsmaßnahmen richtet sich an Bezieher von Sozialhilfe und wird auf der Basis der §§ 18-20 BSHG („Hilfe zur Arbeit") aus Mitteln der Sozialhilfe finanziert. Da dafür keine einheitliche Statistik existiert, ist man im Hinblick auf die Größenordnung dieses Beschäftigungssegments auf gesonderte Untersuchungen und Schätzungen angewiesen. Der Deutsche Städtetag schätzt, dass im Jahr 2002 rund 400.000 Personen durch diese kommunalen Programme vorübergehend in Arbeit gebracht worden sind. Die Hälfte davon in Form von befristeten sozialversicherungspflichtigen Arbeitsverhältnissen, die andere Hälfte in Form der so genannten gemeinnützigen Arbeit, einem öffentlich-rechtlichen Arbeitsverhältnis mit einer geringen Arbeitsprämie bei Weiterzahlung der Sozialhilfeleistungen. Die Ausgaben dafür werden auf bis zu 2 Milliarden Euro p. a. geschätzt[2].

---

1 Vgl. insgesamt zur Entwicklung der Sozialhilfe: Statistisches Bundesamt: Sozialhilfe in Deutschland 2003

2 Vgl. diverse Presseerklärungen des Deutschen Städtetages (www.staedtetag.de); vgl. auch: Deutscher Gewerkschaftsbund (2001), S. 16

Darüber hinaus führen Kommunen in Deutschland in großem Umfang „Arbeitsbeschaffungsmaßnahmen" gem. SGB III durch, die durchschnittlich etwa zu 75 Prozent aus Mitteln der Bundesanstalt für Arbeit sowie einer Restfinanzierung durch die Städte und Landkreise finanziert werden. Diese Maßnahmen bestehen aus zeitlich befristeten sozialversicherungspflichtigen Arbeitsverhältnissen. Die Zielgruppe bilden Langzeitarbeitslose mit besonders schlechter Wiedereingliederungsprognose. Für 2002 wird die Größenordnung dieses weiteren Segments kommunaler Beschäftigungsförderung auf 42.000 Personen im Jahresdurchschnitt geschätzt[3].

In der Regel werden in kommunalen Beschäftigungsmaßnahmen Arbeiten im öffentlichen Interesse durchgeführt. Das sind etwa die Pflege öffentlicher Anlagen, soziale und kulturelle Dienstleistungen, Renovierung und Ausbau öffentlicher Bauten, Abfallwirtschaft, Recycling, Naturschutz und anderes mehr.

Über die Maßnahmen für Jugendliche, im Bereich Existenzgründung und andere Feldern in der Verantwortung kommunaler Beschäftigungspolitik gibt es ebenfalls keine Statistiken auf nationaler Basis. Es sei deshalb als Beispiel auf Zahlen der kommunalen Beschäftigungsförderung der Stadt Offenbach am Main, einer Stadt mit etwa 120.000 Einwohnern und einer Arbeitslosenquote in 2003 von rund 12 Prozent (rund 5.800 Arbeitslose im Jahresdurchschnitt) und einer Sozialhilfequote von rund 9 Prozent (3.500 erwerbsfähige Sozialhilfebezieher im Jahresdurchschnitt) verwiesen.

3 Dabei ist zu beachten, dass hier nur die Maßnahmen in direkter kommunaler Regie angeführt sind. Die Gesamtzahl der im Jahr 2002 in diesen und ähnlichen Maßnahmen der Bundesanstalt für Arbeit beschäftigten betrug rund 250.000.

Ausbildungs- und Beschäftigungsmaßnahmen in Verantwortung der Stadt Offenbach am Main (Jahresdurchschnitt 2002, gerundet)

Arbeitsplätze in Arbeitsbeschaffungsmaßnahmen	80
Arbeitsplätze in Maßnahmen der „Hilfe zur Arbeit" (sozialversicherungspflichtige Arbeitsverhältnisse)	200
Arbeitsplätze in Maßnahmen der „Hilfe zur Arbeit" (gemeinnützige Arbeit)	100
Arbeitsplätze in Beschäftigungsmaßnahmen für benachteiligte Jugendliche	30
Sonstige Fördermaßnahmen für benachteiligte Jugendliche (Produktionsschule u. a.)	30
Ausbildungsplätze für benachteiligte Jugendliche	100
Geförderte Existenzgründer (Beratungen, Lehrgänge, Kreditvergünstigungen)	250

Quelle: Stadt Offenbach, Arbeitsförderung

Neben diesen Maßnahmen zur Integration von Arbeitslosen, sozial Benachteiligten und Hilfebeziehern haben die Kommunen in Deutschland zum Teil durchaus anspruchsvolle Aktivitäten im Bereich der präventiven Arbeitsmarktpolitik und im Bereich der Struktur- und Stadtentwicklung entfaltet. Bei präventiven Maßnahmen sind vor allem Maßnahmen zur Förderung der Weiterbildung und des lebenslangen Lernens von Arbeitnehmern zu erwähnen, die angesichts eines immer schnelleren Strukturwandels größere Bedeutung bekommen. Dazu gehören kommunale Büros zur Weiterbildungsberatung, regionale Informationssysteme zur Weiterbildung und innovative Erwachsenenbildungseinrichtungen (Klems/Schmid/Schulze-Böing 2002).

Aktivierende Arbeitsförderung für Sozialhilfebezieher – Differenzierung und Prozessoptimierung

Bei der Förderpolitik für Sozialhilfeempfänger können die Kommunen in Deutschland, zumindest bisher, weitgehend autonom agieren. Sie sollen sich zwar mit der Bundesanstalt für Arbeit abstimmen und mit ihr kooperieren, haben dabei aber einen großen Gestaltungsspielraum. Dadurch haben sich viele spezifische lokale Konzepte der Beschäftigungsförderung herausgebildet. Es gibt relativ wenige gemeinsame Standards, aber dennoch gewisse Konvergenzen. So hat seit Mitte der 90er Jahre die direkte Vermittlung in den allgemeinen Arbeitsmarkt in immer mehr Kommunen größere Bedeutung bekommen. Viele haben neben den Vermittlungsangeboten der Bundesanstalt für Arbeit, die vor allem für schwervermittelbare Personen als kaum geeignet angesehen werden können, eigene kommunale Vermittlungsaktivitäten gestartet. Dazu kommt eine deutliche Differenzierung der Integrationsmaßnahmen. Ziel ist bei den meisten Kommunen, eine individuell passfähige Integrationsförderung zu realisieren, in der das für den jeweiligen Fall am besten geeignete Instrument bzw. die Kombination verschiedener Instrumente zum Tragen kommt. Die relative Autonomie der Kommunen hat hier eine im Vergleich zu den Instrumenten der Bundesanstalt für Arbeit recht flexible und wirkungsvolle Praxis entstehen lassen[4].

Um die Herangehensweise der Kommunen zu erläutern, sei hier ein Praxisbeispiel aus der Stadt Offenbach am Main zitiert. Dort hat man die „Hilfe zu Arbeit“ über viele Jahre hinweg zu einem differenzierten, aber zugleich konzeptionell und praktisch stark integrierten Handlungskonzept entwickelt. Das Grundprinzip ist „work first“. Die schnelle Vermittlung in den allgemeinen Arbeitsmarkt hat hohe Priorität. Zugleich jedoch soll die Integration so nachhaltig wie möglich sein. Deshalb wird die individuelle Förderung so angelegt, dass die Chancen für eine stabile Weiterentwicklung im Arbeitsverhältnis hoch sind. Auf der anderen Seite soll das Programm auch für schwer oder zunächst auch gar nicht vermittelbare Personen Fördermöglichkeiten anbieten. Dies sind vor allem Beschäftigungsmaßnahmen wie oben beschrieben. Das ganze System ist mit ei-

4 Dabei ist anzumerken, dass es eine durchgängige Evaluation der kommunalen Aktivitäten bisher nicht gibt. Die Datenlage ist sehr unübersichtlich und Vergleiche zwischen Kommunen sind ebenso schwierig wie Vergleiche zwischen den Maßnahmen der Kommunen und denen der Bundesanstalt für Arbeit. Die empirische Evidenz stützt sich in diesem Zusammenhang überwiegend auf Geschäftsstatistiken und Auswertungen einzelner Kommunen. Ein interkommunales Vergleichssystem besteht in Deutschland bisher nur in kleinem Umfang und in Anfängen. Vgl. Hackenberg 2003.

ner klaren Priorisierung der direkten Vermittlung in den Arbeitsmarkt als subsidiäre Maßnahmenschichtung aufgebaut.
Das Vorgehen kann mit dem folgenden Schaubild verdeutlicht werden:

Dieses Schema ist wie folgt zu verstehen:

Die Kommune bemüht sich, in einem ersten Schritt so viele Hilfebezieher wie möglich direkt in Arbeit zu vermitteln. Das gelingt bei etwa 20 bis 25 Prozent der Klienten. Hier ist entweder gar kein oder nur ein übergangsweiser Bezug von Sozialhilfe erforderlich. Für schwierigere Fälle werden Maßnahmen der Arbeitserprobung, zur beruflichen Orientierung oder zur Basisqualifizierung (vor allem Sprachkurse für Immigranten und IT-Kurse) angeboten. Ist auch danach keine Vermittlung in den Arbeitsmarkt möglich, greifen Beschäftigungsangebote von einer Dauer zwischen 6 und maximal 24 Monaten. Auch dort gilt allerdings, dass ständig Vermittlungsbemühungen im Gang sind, um die Klienten möglichst vor Ablauf dieser Arbeitsverhältnisse in Arbeit zu bringen. Insgesamt gelingt es mit diesem System, etwa 60 Prozent der Klienten innerhalb von zwei Jahren wieder in den Arbeitsmarkt zu integrieren. Dabei ist zu beachten, dass es sich hier in der Regel um schwer vermittelbare Personen mit ausgeprägten Einschränkungen handelt. Ein nicht ganz unwichtiger Nebeneffekt dieses Systems ist, dass es zu einer sehr wirtschaftlichen Nutzung vorhandener Ressourcen führt. Die Pro-Kopf-Kosten der Eingliederung sind in Offenbach sehr deutlich niedriger als in Städten, die weniger differenziert und strukturiert vorgehen. Zugleich erweist sich die Wirkung der Maßnahmen als relativ nachhaltig[5].

Strategische Ausrichtung – Integrierte Beschäftigungspolitik auf lokaler Ebene

Maßnahmen zur Integration von Sozialhilfebeziehern und Langzeitarbeitslosen haben in Deutschland in der historischen Perspektive die Grundlage für lokale Dimension der Beschäftigungspolitik gelegt. Sie setzten an der Verantwortung der lokalen Körperschaften für die besonders „verwundbaren" Gruppen in der Gesellschaft und am Arbeitsmarkt und – nicht zuletzt – an der fiskalischen Betroffenheit der Kommunen als Träger der Sozialhilfe[6] an. Beschäftigungsprogramme waren und sind ein Weg zur „Aktivierung" von Unterstützungsleistungen, also der Umwandlung von bloßen Transferleistungen zur wirtschaftlichen und sozialen Absicherung in Maßnahmen zur aktiven Überwindung von Notlagen und zur Veränderung des sozialen und wirtschaftlichen Status der Betroffenen.

Kommunale Programme in diesem Bereich mobilisierten beachtliche Ressourcen für eine Erweiterung des Spektrums und des Umfangs von Beschäftigungspolitik in Deutschland. Dadurch konnten lokale Infrastrukturen in Form von lokalen und regionalen Beschäftigungsgesellschaften, Non-Profit-Organisationen, Sozialbetrieben unter anderen von zum Teil beachtlichen Ausmaßen entstehen.

5 Vgl. dazu mit mehr Informationen: Stadt Offenbach am Main: „Hilfe zur Arbeit" in Offenbach. Arbeitsbericht 2001-2002, Offenbach am Main 2003. Informationen zu diesen Maßnahmen können auch über das Internet bezogen werden: www.offenbach.de

6 Zu erwähnen wäre auch die Jugendhilfe, für die die Kommunen nach dem Kinder- und Jugendhilfegesetz KJHG ebenfalls zuständig sind. Die Jugendhilfe greift nach dem Gesetz vor allem bei psychosozialen Notlagen von Jugendlichen und bei Störungen im Erziehungsprozess ein. Im Rahmen der Jugendsozialarbeit hat die Jugendhilfe darüber hinaus ein klares Mandat zur Unterstützung von Jugendlichen bei Arbeitslosigkeit und Berufsnot (z. B. wenn sie keinen Ausbildungsplatz finden können).

Die kommunale Praxis war in den 90er Jahren ein wichtiger Ausgangspunkt für die Diskussion um die Reform des Sozialstaates hin zu einem „aktivierenden" Sozialstaat (Schulze-Böing/Johrendt 1994; Mezger/West 2000; Evers/ Schulze-Böing 1999).

Vom Volumen her gesehen hat der Bereich der lokalen Beschäftigungspolitik nach wie vor einen klaren Schwerpunkt im Bereich der Sozialhilfe und der Sozialpolitik.

Darüber hinaus erfordert die strategische Ausrichtung der lokalen Beschäftigungspolitik jedoch ein Konzept der Vernetzung und Integration von kommunalen Politikfeldern unterschiedlicher Art. Wirtschafts- und Beschäftigungsförderung können sich auf lokaler Ebene in vielen Bereichen ergänzen. Auch Strukturpolitik und Infrastrukturförderung sind Bereiche mit vielen möglichen Schnittstellen zu einer aktiven Beschäftigungsförderung.

Im Hinblick auf die nachhaltige Überwindung von Beschäftigungsproblemen ist vor allem eine proaktive und innovative Wirtschaftsförderung durch die Kommunen von Bedeutung (Henckel u. a. 1999). Ein integriertes und flexibles Behördenmanagement bei der Betreuung von Unternehmen und Investoren ist hier ebenso zu nennen, wie die Bestandspflege von kleinen und mittleren Unternehmen, die Förderung von Unternehmensgründungen und die Förderung der Zusammenarbeit mit Forschungseinrichtungen, Hochschulen und Schulen. Ein weites Feld, auf das hier hingewiesen, das aber an dieser Stelle nicht vertieft werden kann.

Im folgenden Schaubild ist diese Idee der Organisation von lokaler Beschäftigungspolitik als strategische Integration kommunaler Handlungskreise schematisch dargestellt:

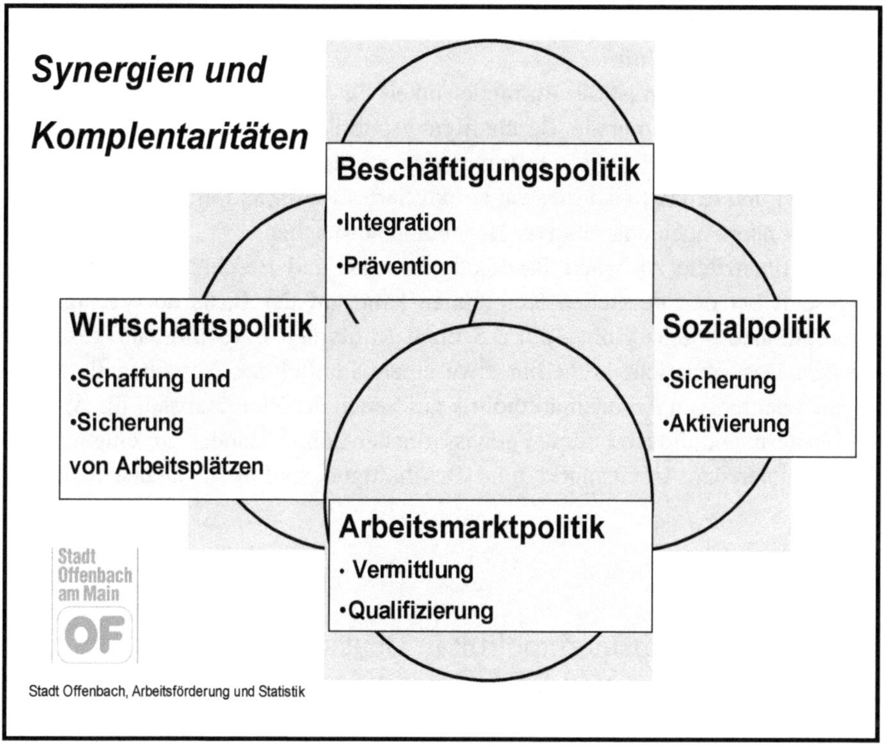

Dieses Integrationsmodell hat bezogen auf die Praxis der Kommunen in Deutschland natürlich einen gewissen „idealtypischen" Charakter. Nur wenige Städte oder Landkreise bekennen sich zu einer derart breit angelegten Strategie. Wirtschaftsförderung und soziale Integrationspolitik sind vielerorts nicht nur in verschiedenen Ressorts angesiedelt, sondern – und darin kann ein Problem liegen – arbeiten ohne allzu viel Kenntnis voneinander oder gar Kooperation miteinander nebeneinander her. Diese Praxis kann zumindest im Lichte neuerer Überlegungen zum „guten Regieren" („good governance") als revisionsbedürftig angesehen werden. Beschäftigung ist, bezogen auf die gesellschaftliche Praxis „vor Ort", ein multidimensionales Problem, das einen ganzheitlichen Handlungsansatz erfordert, in dem Ressourcen aus verschiedenen Politikbereichen für die Beschäftigungspolitik mobilisiert, ihre jeweiligen Beiträge koordiniert und damit eine strategische Integration hergestellt wird. Kommunale Wirtschaftsförderung und kommunale Sozialpolitik können dadurch zu einer sozialen und wirtschaftlichen *Entwicklungspolitik* auf lokaler Ebene zusammengeführt werden. In dieser

Hinsicht haben die Kommunen auch in Deutschland ihre Möglichkeiten noch lange nicht ausgeschöpft.

In den 90er Jahren ist die Aufmerksamkeit für diese Fragen jedoch sehr deutlich gestiegen. Kommunale Beschäftigungspolitik ist inzwischen in mancher Hinsicht so etwas wie ein „Hoffnungsträger" für die gesamtstaatliche Politik geworden und es lässt sich hier ein strukturiertes Politikfeld mit nicht nur qualitativer, sondern auch quantitativer Bedeutung ausmachen.

Der finanzielle Aufwand für lokale Arbeits- und Beschäftigungsförderung insgesamt bei den deutschen Kommunen kann auf der Basis der verfügbaren Informationen – sehr grob – auf 3,5 bis 4 Milliarden Euro pro Jahr geschätzt werden. Das entspricht immerhin etwa einem Fünftel der Ausgaben für Maßnahmen der aktiven Arbeitsmarktpolitik auf Seiten der Bundesanstalt für Arbeit.

Insofern sind die Kommunen gewissermaßen „ohne Mandat" zu einem wichtigen Spieler der Arbeitsmarkt- und Beschäftigungspolitik in Deutschland geworden.

Reform der Arbeitsmarktpolitik in Deutschland – Neupositionierung der kommunalen Beschäftigungspolitik

Im Rahmen der so genannten „Agenda 2010" der Bundesregierung wurden in Deutschland seit 2003 sehr umfassende Reformen des hier beschriebenen Systems der Arbeitsförderung vorgenommen. Mit diesen Reformen greift Deutschland zum Teil Entwicklung in anderen, beschäftigungspolitisch erfolgreicheren Ländern wie den Niederlanden, Großbritannien, Österreich und Dänemark auf, zum Teil werden bestehende Instrumente weiter entwickelt. Aus internationalem Benchmarking und der Arbeit der nach ihrem Vorsitzenden Peter Hartz benannten „Hartz-Kommission" wurde ein Reformkonzept entwickelt, das in Deutschland teilweise sehr kontrovers diskutiert wurde und wird, das im erforderlichen politischen Einigungsprozess mehrfach modifiziert wurde, das aber bis Ende 2003 in insgesamt vier Reformgesetzen verabschiedet wurde und inzwischen in vielen Teilen implementiert ist.

Die wichtigsten Ziele:

– Neue Qualität der Dienstleistungen am Arbeitsmarkt durch Reform der staatlichen Arbeitsvermittlung,

- mehr Flexibilität am Arbeitsmarkt durch Reduzierung von gesetzlichen Rigiditäten und Förderung flexibler Arbeitsformen,
- mehr Anreize zur Arbeitsaufnahme durch stärkere Akzentuierung von Mitwirkungspflichten der Arbeitslosen und die Reduzierung von Transferleistungen,
- Entlastung der Beitragszahler (Arbeitgeber und Arbeitnehmer) und der Kommunen durch eine kosteneffizientere Arbeitsmarktpolitik,
- mehr Transparenz in der Verwendung der finanziellen Mittel für die Arbeitsmarktpolitik durch schärferes Controlling und eine Trennung der Rechnungskreise von Einnahmen und Ausgaben der Arbeitslosenversicherung (Arbeitslosengeld I und Integrationsmaßnahmen für dessen Bezieher) und der steuerfinanzierten Arbeitsmarktpolitik (Arbeitslosengeld II und die entsprechenden aktiven Maßnahmen).

Die größte Umwälzung ist mit dem vierten Gesetz, dem Sozialgesetzbuch II (SGB II) verbunden, das Ende 2003 beschlossen wurde und mit dem Jahr 2005 in Kraft treten soll. Mit diesem Gesetz wird auch die Rolle der Kommunen in vieler Hinsicht neu bewertet.

Der Inhalt des SGB II ist die Zusammenführung der bisher getrennten Leistungen Arbeitslosenhilfe und Sozialhilfe in einer neuen Leistung „Arbeitslosengeld II" (im Unterschied zum Arbeitslosengeld I, das dem bisherigen Arbeitslosengeld, also der Leistung aus Versicherungsbeiträgen entspricht). Diese neue Leistung wird mit zwei ergänzenden Leistungen, dem „Sozialgeld" für die Familienangehörigen der Arbeitslosen und den Kosten der Unterkunft, zur „Grundsicherung für Arbeitsuchende". Die Sozialhilfe für erwerbsfähige Personen entfällt damit vollständig.

Die Trägerschaft für Arbeitslosengeld II und das Sozialgeld liegt nicht mehr bei den Kommunen, sondern bei der Bundesanstalt für Arbeit (neu: Bundes*agentur* für Arbeit, BA), die Trägerschaft für die Unterkunftskosten bei den Kommunen. Die bisher von den Kommunen zu versorgenden Sozialhilfeempfänger gehen also für die ersten beiden Leistungen an die BA über. Bei den Kosten der Unterkunft ist die Kommune neben den bisherigen Sozialhilfe-Empfängern zusätzlich für die bisherigen Arbeitslosenhilfe-Bezieher zuständig.

Die Übernahme der Verantwortung für die arbeitslosen Sozialhilfebezieher durch den Bund entspricht vor allem der Forderung der größeren Städte, die durch die bisherigen Regelungen sehr stark belastet waren.

Das wichtigste Argument für die Zuordnung der Trägerschaft zur BA kann darin gesehen werden, eine dauerhafte institutionelle Zweiteilung der Arbeitsmarktpolitik und die darin liegende Gefahr der Diskriminierung der Bezieher von Arbeitslosengeld II zu verhindern. Daneben werden die Möglichkeit der Nutzung der spezifischen Kompetenzen des staatlichen Arbeitsmarktservice mit seinen fachlichen und technischen Möglichkeiten, die Notwendigkeit der überregionalen Vermittlung und schließlich die Synergieeffekte der Konzentration von Arbeitsmarktdienstleistungen auf einen Träger genannt.

Die relativ große Zahl der Kritiker dieser Organisationslösung verwies vor allem auf die positiven Erfahrungen mit den kommunalen Modellen und die Gefahr einer Überforderung der ohnehin schon in ihrer Größe überdehnt erscheinenden BA[7].

Die Übertragung der Kosten der Unterkunft in die Trägerschaft der Kommunen im Modell der Regierung erscheint zunächst als inkonsequent und nur durch das Bemühen des Bundes um Begrenzung der von ihm zusätzlich zu übernehmenden Kosten motiviert, schafft sie doch wieder gespaltene Trägerschaft und administrative Abstimmungsprobleme. Es spielte bei dieser Regelung aber auch eine nicht unwichtige Rolle, dass man eine kommunale „Interessenquote" schaffen wollte, um damit zu verhindern, dass die Kommunen nach der Reform ihre allgemein als effektiv und unverzichtbar angesehenen Beiträge zur lokalen Beschäftigungspolitik einstellen. Die Kommunen sollen nach wie vor ein starkes wirtschaftliches Motiv zu Beteiligung an der Arbeitsmarktpolitik haben.

Die gegensätzlichen Positionen zwischen Regierung und Opposition, die in der zweiten Kammer des deutschen Parlaments, dem Bundesrat als Vertretung der Länder, die Mehrheit hat, machten einen Kompromiss erforderlich. Er besteht im Wesentlichen darin, zwei verschiedene Möglichkeiten der Trägerschaft und organisatorischen Anbindung vorzusehen.
Im Hinblick auf die Organisation sieht das Gesetz zwei Möglichkeiten vor:

1. BA und Kommunen bilden Arbeitsgemeinschaften, um die neuen Leistungen möglichst unbürokratisch zu administrieren und vor allem eine möglichst effektive Eingliederung der Betroffenen sicher zu stellen.
2. Die Kommunen entscheiden sich für die Trägerschaft aller drei genannten Leistungen, sind dann sowohl für die Administration wie für Eingliederungsleistungen zuständig, bekommen aber die Kosten für Arbeitslosen-

7 Vertreter einer Kommunalisierung der neuen Leistung waren u. a. der Sachverständigenrat zur Beurteilung der wirtschaftlichen Lage, einem bedeutenden Beratungsgremium der Bundesregierung, die konservativen Oppositionsparteien, einige Unternehmerverbände und der Deutsche Landkreistag. Der Deutsche Städtetag, der Deutsche Städte- und Gemeindeverband (der Verband der kleineren Städte) und die Gewerkschaften unterstützten dagegen die Konzeption der Regierung.

geld II und Sozialgeld sowie von Eingliederungsmaßnahmen und Verwaltung vom Bund erstattet[8].

Es entsteht also eine neue Konstellation für die lokale Arbeitsmarktpolitik. Es gibt Befürchtungen, dass die unbestrittenen Vorteile der kommunalen Ansätze – Flexibilität, Bürgernähe und Verknüpfung mit der Wirtschafts- und Strukturförderung – im Rahmen der Trägerschaft der BA nicht mehr voll zu Geltung kommen können. Andererseits sieht das neue Gesetz zum ersten Mal überhaupt eine enge und gleichberechtigte Kooperation zwischen BA und Kommunen als Regelfall vor. Legt man das Gesetz entsprechend aus, können dadurch sogar neue Gestaltungsspielräume vor Ort erschlossen werden. Die neuen Regelungen sind ohne Zweifel eine Herausforderung für die Kommunen, aber mehr noch an die BA, die sich für sie völlig neuen Aufgaben (Administrierung einer Grundsicherungsleistung) und vor allem stark dezentralisierten Entscheidungs- und Gestaltungsprozessen stellen muss. Die Kommunen müssen jetzt zeigen, ob sie die Innovationspotentiale der neuen Rahmenbedingungen heben können. Sie agieren jetzt mit einem, wenn auch eingeschränkten und in seinen Konsequenzen noch nicht ganz erkennbaren, Mandat für eine aktive Rolle in der Arbeitsmarktpolitik.

Wenn sie dieses Mandat sinnvoll und kreativ nutzen, könnten sie damit nicht zuletzt auch einen wichtigen Beitrag zur weiteren Stärkung der lokalen Dimension der europäischen Beschäftigungsstrategie leisten. Und dies wäre im Interesse der Kommunen auch in anderen Ländern, insbesondere aber derjenigen, die für eine Verbesserung der Beschäftigungssituation in Europa kämpfen.

Literatur

Deutscher Gewerkschaftsbund 2001: Informationen zur Sozial- und Arbeitsmarktpolitik, Nr. 4, 2001. Berlin

Evers, Adalbert/Matthias Schulze-Böing 1999: Öffnung und Eingrenzung. Wandel und Herausforderungen lokaler Beschäftigungspolitik. In Zeitschrift für Sozialreform Heft 11, 12/1999

Hackenberg, Helga 2003: Lokale Arbeitsmarktpolitik – Stand und Perspektiven. Gütersloh: Verlag der Bertelsmann-Stiftung

8 Nach der deutschen Verfassung darf es keine direkten Finanzbeziehungen zwischen Bund und Kommunen geben. Deshalb hat man die Option für kommunale Trägerschaft auf eine „Experimentierklausel" beschränkt. Für maximal 69 Kommunen in Deutschland kann im Rahmen eines wissenschaftlich begleiteten Experiments die Trägerschaft für die neuen Leistungen vollständig auf die Kommunen übergehen.

Henckel, Dietrich/Matthias Eberling/Busso Grabow: Zukunft der Arbeit in der Stadt. Stuttgart u. a. 1999: Kohlhammer

Kühl, Jürgen 1982: Das Arbeitsförderungsgesetz von 1969. In: Mitteilungen aus der Arbeitsmarkt- und Berufsforschung (MittAB) 15. Jg., 3/1982

Klems, Wolfgang/Alfons Schmid/Matthias Schulze-Böing 2002: Regionale Weiterbildungspolitik. München: Hampp

Mezger, Erika/Klaus W. West (Hrsg.) 2000: Aktivierender Sozialstaat und politisches Handeln. Marburg: Schüren

Schulze-Böing, Matthias 2002: Fördern durch Fordern – fordern durch fördern. Aktivierende Arbeitsmarktpolitik und die Rolle der Kommunen. In: Sozialer Fortschritt 8/2002

Schulze-Böing, Matthias/Norbert Johrendt (Hrsg.) 1994: Wirkungen kommunaler Beschäftigungsprogramme. Basel, Boston, Berlin: Birkhäuser

Statistisches Bundesamt: Sozialhilfe in Deutschland 2003: Entwicklung, Umfang, Strukturen. Wiesbaden

Programme und Strategien der Gewerkschaft ver.di in Bezug auf lokale Bündnisse für Arbeit

Thomas Herbing

Im Folgenden möchte ich mich bezüglich lokaler Bündnisse für Arbeit auf drei der in der Gewerkschaft ver.di diskutierten Aspekte konzentrieren. Diese sind:

– Eine lokale Beschäftigungspolitik muss in eine regionale Strukturpolitik eingebunden sein.
– Es gibt vielfältige Erfahrungen in der gewerkschaftliche Politik zur Beschäftigung innerhalb des öffentlichen Dienstes
– und zur aktuellen Diskussion um neue Dienstleistungen am Arbeitsmarkt.

Die Einbindung der Beschäftigungspolitik in eine regionale Strukturpolitik

Die Vorstellungen der Gewerkschaft ver.di für eine aktive Beschäftigungspolitik sind am 22. Mai 2003 in „beschäftigungspolitischen Leitlinien" vom Gewerkschaftsrat beschlossen worden.

Der wesentliche Grundgedanke für die beschäftigungspolitischen Vorstellungen zielt auf die Integration der Beschäftigungspolitik in eine regionale Strukturpolitik. Die Politik für den Arbeitsmarkt sollte sich somit auch an der Förderungen wirtschaftlicher Potentiale orientieren.

Diskussionen gibt es hierbei zu dem Begriff „Region". Unter dem beschäftigungspolitischen Begriff „Region" wird bei ver.di nicht die Eingrenzung eines Gebietes in regionale Verwaltungsgrenzen verstanden. Der bei ver.di diskutierte Begriff „Region" bezieht sich auf Gebiete, die von ihrer Wirtschaftsstruktur und ihren kulturellen Wurzeln von einem ähnlich geprägten Potential bestimmt sind (z. B. Bergbau, Landwirtschaft, Altindustrien, Tourismus etc.).

Es geht in diesen Regionen demnach auch nicht so stark um eine verwaltungsorganisatorische Frage. Für ver.di ist vielmehr die Frage interessant, wie untere der Beteiligung der regionalen Akteure endogene (innewohnende) Potentiale solcher Regionen strategisch entwickelt werden können.

ver.di fordert hierzu die Vernetzung von lokalen Akteuren, wie Unternehmen, Kommunen, Gewerkschaften und schließlich auch die Vielfältigkeit lokaler Gruppen und Vereine. Für notwendig halten wir Kooperationsbeziehungen und den Ausbau von Wertschöpfungsketten.

Eine unabdingbare Voraussetzung ist unserer Auffassung nach ein leistungsfähiges Regionalmanagement und die Schaffung Regionaler Entwicklungskonzeptionen (REK). Von der Bundesregierung wird solch ein Regionalmanagement bereits gefördert. Es besteht allerdings die latente Gefahr, dass der derzeit all zu überzogener Glaube an Marktkräfte, die ersten Anfänge einer auf Kooperationen basierenden lokalen Beschäftigungspolitik zunichte macht. Nach gesicherten empirischen Erkenntnissen begünstigen vor allem kooperative Regionalstrukturen eine adäquate Entwicklungsperspektive im globalen Wettbewerb.

Als positives Beispiel haben wir unter anderem die Landesinitiative PAKTE in Bundesland Sachsen-Anhalt vor Augen. Für die Planung des operativen Programms zur Mittelbeantragung im europäischen Strukturfonds (2000 bis 2006) wurde 1999 die Möglichkeit geschaffen, verschiedenste Förderprogramme in einer integrierten Form für eine Beschäftigungsprogramm gebündelt zu beantragen. Unter der Beteiligung der Sozialpartner besteht die Anreizstruktur für solch einen integrierte Regionalinitiative darin, dass der Förderantrag mit einer besonderer Bewilligungspriorität unterstützt wurde.

Trotz der auch von ver.di kritisch gesehenen Überbürokratisierung des Antragsverfahren durch die EU-Kommission schuf diese Landesinitiative eine ganze Reihe positiver Regionalinitiativen zur Beschäftigung. Das Programm zeigte, dass kooperative Strukturen geschaffen werden können und diese ein Muster für andere Regionen darstellen können.

Wie gut allerdings eine lokale Beschäftigungspolitik auch gestrickt sein mag, ohne grundsätzliche Wachstumsimpulse sind die Arbeitsmarktchancen solch einer Politik begrenzt. ver.di fordert daher ergänzend ein Investitionsprogramm zur Abwendung des bestehenden konjunkturellen Ungleichgewichts und – das ist ein neuer Gedanke bei uns – wir benötigen eine Dienstleistungsoffensive, um bewusster den dritten Sektor als Standortfaktor aufzubauen.

Erfahrungen in der gewerkschaftlichen Politik zur Beschäftigung im öffentlichen Dienst

Seit Beginn der 90er Jahre gibt es vielfältige Erfahrungen innerhalb der Kommunen aber auch in einigen Landesverwaltungen mit Maßnahmen zur Beschäftigungssicherung. Hierzu gehören Instrumente

- zur Förderung der Teilzeitbeschäftigung,
- zur Altersteilzeit,
- zur Integration von Jugendlichen nach der Ausbildung,
- sowie die Schaffung zusätzlicher Ausbildungsplätze.

Teilweise waren solche Maßnahmen das Ergebnis von lokalen Bündnisses für Arbeit. Diese Bündnisse seit Mitte der 90er Jahre basierten auf der Freiwilligkeit der Beschäftigten. Aus gewerkschaftlicher Sicht kam es darauf an, bei Fragen zur Beschäftigung in eine Gestaltungsrolle in den Betrieben zu kommen.

Zu resümieren ist, dass eine Veränderung bei der Arbeitszeit in der Regel nicht mit einer Veränderung im Aufgabenvolumen einher gingen. Zudem versprachen sich folglich auch viele Beschäftigte keinen persönlichen Nutzen, so dass die Bündnispolitik vor allem für die Schaffung von Ausbildungsplätzen und die Integration Jugendlicher von entscheidender Bedeutung war.

Seit den letzten zwei Jahren besteht ein dramatischer Druck auf die Arbeitsplätze im öffentlichen Dienst. Die Gewerkschaft ver.di ist hierzu gefordert, beschäftigungssichernde Maßnahmen zu verhandeln.

Hinsichtlich der Strategie zur Beschäftigungssicherung dreht sich die innergewerkschaftliche Diskussion um die Frage, ob beschäftigungssichernde Maßnahmen aufgrund von externen Entwicklungen (z. B. demographische Entwicklung, Fachkräftemangel, Jugendarbeitslosigkeit) vereinbart werden oder ob eine Beschäftigungssicherung auch als Instrument zur Haushaltskonsolidierung Anwendung findet.

Wir haben in diesem Punkt große Kontroversen, denn das Thema Haushaltskonsolidierung, wie auch die allgemeine Finanzkrise im öffentlichen Sektor ist zu einem großen Teil durch Steuersenkungen induziert. Es verstärken also politische Motive die aktuelle Finanzkrise.

Die Notwendigkeit jedoch, trotzdem bestehende Arbeitsplätze im öffentlichen Dienst zu sichern, führte in jüngster Zeit vermehrt zu tariflichen Vereinbarungen, die die bestehende Arbeitszeit sozial verteilt (z. B. Berliner Tarifabschluss).

Zu neuen Dienstleistungen am Arbeitsmarkt

Mit der von der Bundesregierung eingesetzten sogenannten „Hartz-Kommission“ wurde in Deutschland eine neue Diskussion zur Arbeitsmarktpolitik angestoßen. Im Ursprungskonzept ging es darum, das Management der Arbeitsvermittlung effizienter zu gestalten. Inspiriert von den kommunalen Erfahrungen mit der lokalen Beschäftigungsförderung wurde ein Konzept entwickelt, worin zukünftig Arbeitsuchende in sogenannten Jobcentren für eine Arbeitsaufnahme beraten werden sollten. Die Beratung sollte mit qualifizierten Fallmanagern erfolgen und zusätzlich sollten Personalservice-Agenturen (PSA) Arbeitsuchenden, die nicht so schnell eine neue Arbeit finden, durch Zeitarbeitsverhältnisse in Beschäftigung und einem entsprechenden Qualifikationsniveau gehalten werden.

Sehr schnell konzentrierte sich die politische Diskussion jedoch auf die Zumutbarkeit für die Aufnahme einer Beschäftigung sowie auf die Reduzierung der Lohnersatzleistungen auf ein einheitliches Niveau in Höhe der Sozialhilfe. In der Politik dominierte somit wieder die Auffassung (Langzeit-) Arbeitsuchenden die Schuld zu zuweisen, dass sie keine Arbeit finden. Teilweise bestimmte diese Politik wohl auch das Motiv, das ortsüblich bestehende Tarifniveau zu schwächen.

Durch diese Entwicklung jedenfalls wurden die ursprünglich von der Gewerkschaft ver.di unterstützten Reformansätze ins Gegenteil verkehrt. Der weiterhin zu erwartende Mangel an Arbeitsplätzen wird nach unseren Befürchtungen nun dazu führen, dass einerseits ein gigantischer Armutssektor geschaffen wird und anderseits eine drastisches Qualifikationsgefälle droht.

Diese Aspekte leiteten bei allen Gewerkschaften verständlicherweise zu einer erheblichen Kritik an den sogenannten „Reformmaßnahmen“. Weitergehende Gestaltungsansätze, wie Kompetenzcentren auf Länderebene, die vor allem auch für eine regionale Beschäftigungspolitik hilfreich gewesen wären, wurden in der politischen Diskussion im Bundestag überhaupt nicht mehr thematisiert.

Resümee

Die Gewerkschaft ver.di ist bereit Beschäftigungspolitik in einem sehr stark regional orientierten Entwicklungszusammenhang zu betrachten und auch dafür in den Betrieben auf tarifpolitischer Ebene Einzelmaßnahmen zur Förderung von Beschäftigung zu verhandeln.

Die aktuelle Politik der Bundesregierung und auch der so genannte ökonomische Mainstream orientiert jedoch die gesamte Beschäftigungspolitik auf einen neoliberal geprägten Kurs der Arbeitsmarktgestaltung. Hier sind Perspektiven zur Entwicklung in eine Wissensgesellschaft nur unbefriedigend erkennbar. Von einem auf Kooperation und Konsens gekennzeichneten Gesellschaftsmodell kann aus gewerkschaftlicher Sicht derzeit in Deutschland nicht geredet werden.

Programme und Strategien regionaler Akteure in Deutschland – Beispiel Hamburg

Jürgen Gallenstein

1. Arbeitsmarkt- und Beschäftigungspolitik allein ist nicht in der Lage, das Arbeitsplatzdefizit zu beseitigen oder die Arbeitslosigkeit dauerhaft abzubauen. Sie ist kein Ersatz für eine Wirtschafts-, Tarif-, Finanz- und Steuerpolitik, die an den makroökonomischen „Stellschrauben" dreht und Wachstumsbedingungen definiert und verändert. Arbeitsmarktpolitik flankiert und ergänzt Wirtschafts-, Finanz- und Steuerpolitik – das ist ihre Funktion.

Deshalb ist das strategische Potenzial der Arbeitsmarkt- und Beschäftigungspolitik begrenzt. Auf der kommunalen Ebene noch stärker als auf der regionalen oder der Ebene des Nationalstaates.

Das strategische Potenzial auf der kommunalen Ebene ist auch begrenzt, weil in der Regel die finanziellen Mittel einer Kommune nicht ausreichen, Masseneffekte in einer eigenständigen kommunalen Arbeitsmarkt- und Beschäftigungspolitik zu generieren.

2. Die Eckpfeiler einer regionalen/kommunalen Strategie der Arbeitsmarkt- und Beschäftigungspolitik kann man unter diesen Rahmenbedingungen etwa folgendermaßen skizzieren:

– Entwicklung eines spezifischen kommunalen *policy-mix* in der Arbeitsmarktpolitik, in dem die Kommune nach eigenen Prioritäten die verschiedensten Programme nutzt, die von externen Akteuren und externen Budgets – wie dem Arbeitsamt, der Bundesregierung, der Landesregierung oder dem ESF – angeboten und finanziert werden.
  Die Entwicklung eines eigenständigen, identifizierbaren *policy-mix* in der kommunalen Arbeitsmarktpolitik ist ein nicht zu unterschätzender strategischer Akt: Arbeitsmarktpolitik ist eines der Felder, auf denen Kommunen noch aktiv agieren können, in dem programmatisch Prioritäten gesetzt und mit relativ geringer Kofinanzierung operativ umgesetzt werden. Für die politisch verantwortliche Partei/Koalition ist Arbeitsmarktpolitik auch ein ideales

Feld, eigene programmatische Leitbilder zu konkretisieren und zu vermarkten. Auch das kann ein strategisches Ziel sein.

- Dieser Effekt kann dadurch verstärkt werden – und das ist ein zweiter wichtiger Eckpfeiler einer kommunalen Strategie –, dass man eigenständige, *innovative Modellprojekte* entwickelt, die zwar wenig Masse beinhalten, aber sich hervorragend eignen, öffentlichkeitswirksam vermarktet zu werden. Klassische Beispiele sind Modellprojekte im Bereich Haushaltsagenturen oder Qualifizierungsprojekte für bestimmte Zielgruppen. Schon von ihrer Definition her sind Modellprojekte niemals in der Lage, Arbeitsmarktprobleme zu lösen. Was ihren Wert – neben dem Vermarktungs- und Selbstdarstellungseffekt – ausmacht, ist noch etwas anderes: Im Kern ist jedes Modellprojekt geeignet, dann wenn es funktioniert und öffentlich anerkannt wird, von übergeordneten Instanzen aufgenommen, adaptiert und als Landes- oder Bundesprogramm gestaltet zu werden. Für die Kommune bedeutet das, dass sie über ein winziges strategisches Fenster verfügt, Arbeitsmarktpolitik auch auf übergeordneten Ebenen zu gestalten, um dann – gewissermaßen im Rücklauf, wenn andere die Finanzierung übernommen haben – diese Programme extensiv zu nutzen.
- In der Praxis ist kommunale Arbeitsmarkt- und Beschäftigungspolitik oftmals banaler: Die Strategie erschöpft sich darin, die nationalen Programme zu nutzen, die mit dem geringsten eigenen finanziellen Beitrag den höchsten Nutzen an monetärem Transfer von der nationalen auf die kommunale Ebene bewirken und gleichzeitig genug „Masse" an Arbeitslosenvolumen bewegen.
- Eine andere Variante ist der Transfer von kommunalen Kosten auf die nationalstaatliche Ebene, indem zum Beispiel arbeitslose Sozialhilfeempfänger in kommunalen Einrichtungen solange beschäftigt werden, bis sie wieder Ansprüche auf Arbeitslosengeld oder -hilfe erwerben, das aus dem nationalen Budget gezahlt wird. Das ist die kommunale Strategie der *Haushaltskonsolidierung durch Arbeitsmarktpolitik.*

3. Am Beispiel Hamburgs soll das strategische und programmatische Potenzial einer Kommune – im Falle des Stadtstaates Hamburg eher eines Landes – dargestellt werden. Ansatzpunkt ist der *Hamburger Strategiewechsel* in der kommunalen Arbeitsmarkt- und Beschäftigungspolitik, der in der Folge eines politischen Machtwechsels (von einer rot-grünen Koalition hin zu einer konservativen Koalition) Ende 2001 eingeleitet wurde.

Die „alte" Hamburger Arbeitsmarktpolitik kann folgendermaßen charakterisiert werden:

- absolute Dominanz klassischer Arbeitsbeschaffungsmaßnahmen in einem so genannten „Zweiten Arbeitsmarkt“, der gewissermaßen als Zwischenstufe zwischen Arbeitslosigkeit und regulärem Arbeitsmarkt fungieren sollte. Tragende Säulen des Systems waren rund 30 Träger/Organisationen, die in rund 100 Projekten 3.000 Arbeitslose beschäftigten. Hinzu kam eine große kommunale Beschäftigungsgesellschaft, die rund 2.000 arbeitslose Sozialhilfeempfänger beschäftigte. Insgesamt wurden in Hamburg damit rund 5.000 Menschen in einem eigenen, von der übrigen Wirtschaft unabhängigen Arbeitsmarkt beschäftigt – in der Regel für zwölf Monate. Für einen großen Teil der Produkte und Dienstleitungen, die in diesem System produziert wurden, bestand aufgrund der rechtlichen Bestimmungen ein Vermarktungsverbot.
- Eine spezifische Hamburger Strategie war, dieses System des Zweiten Arbeitsmarktes für stadtpolitische Zwecke zu instrumentalisieren. Das Integrationsziel für Arbeitslose wurde zwar aufrechterhalten, die Träger übernahmen aber zunehmend – gestützt und gefördert von der lokalen Politik – andere Funktionen: So zum Beispiel Angebote sozialer Dienstleistungen für Bürger, Verschönerung von Schulen, Sicherheitsdienste und vieles mehr. Nach und nach entwickelten sich „Stadtentwicklungsbetriebe“, die gerade in den Phasen knapper kommunaler Haushaltskassen eigentlich öffentliche Aufgaben übernahmen. Von ihrer originären arbeitsmarktpolitischen Funktion – Arbeitslose in Beschäftigung zu integrieren – entfernten sich die Träger mehr und mehr. Der einzelne Arbeitslose mit seinem berechtigten Interesse an einer Qualifizierung für und einer Integration in den Arbeitsmarkt trat zu Lasten des Marketingnutzens der Projekte in den Hintergrund.
- Wesentlich waren die Spielregeln in diesem System: Die Träger wurden nach dem Prinzip des Fehlbedarfs finanziert, das heißt sie erhielten genau soviel Geld, wie sie benötigten. Die Kostenschere war enorm groß. Es gab kaum erklärliche Disparitäten in dem pro Kopf (also pro Arbeitslosen) benötigten finanziellen Aufwand. Dieser schwankte bezogen auf den Durchschnitt des Finanzierungsanteils der Kommune von rund 14.000 Euro/Jahr zwischen der Hälfte und dem Doppelten dieses Wertes. Da die Träger stadtpolitisch nützliche Funktionen erfüllten, war der Anreiz für die Kommune, die Ausgaben zu begrenzen, gering. Mit Hilfe des Zweiten Arbeitsmarktes und seiner Kofinanzierung durch die nationale Arbeitsverwaltung konnten soziale Projekte immer noch kostengünstiger als in eigener Regie durchgeführt werden.

4. Worin besteht der Strategiewechsel in Hamburg und was sind seine Elemente? Das strategische Leitmotiv der neuen Hamburger Arbeitsmarktpolitik kann etwa folgendermaßen beschrieben werden: *Arbeitsmarktpolitik ist Dienstleister für Arbeitslose und Betriebe. Insbesondere klein- und mittelständische Betriebe sollen mit Hilfe der Arbeitsmarktpolitik in der Personalpolitik unterstützt werden.* Was sich noch relativ banal anhört, gewinnt seine strategische Dimension in der Konkretisierung dieses Leitmotivs.

4.1 Ein Element davon ist die *Neugestaltung der operativen Umsetzung* der Arbeitsmarktprogramme. Strategisches Ziel ist es, die Effizienz und Effektivität der Arbeitsmarktpolitik in Hamburg generell zu erhöhen. Das Instrument dazu ist die – plakativ formuliert – „Ökonomisierung" der Umsetzung von Arbeitsmarktpolitik. Das heißt, auch in der operativen Umsetzung von Arbeitsmarktpolitik sollen „Marktmechanismen" eingeführt werden. Dadurch soll wie in jedem marktwirtschaftlich organisierten Markt die Effizienz und Effektivität der Leistungserstellung erhöht werden. Und Leistung ist in diesem Fall definiert als Integration von Arbeitslosen in Beschäftigung auf dem regulären Arbeitsmarkt.
Dieses Vorgehen ist in zweierlei Hinsicht strategisch:

- Zum Einen wird das marktwirtschaftlich fundierte ideologische Leitbild der konservativen Regierung in Hamburg auf die Gestaltungsprinzipien der Arbeitsmarktpolitik übertragen. Auch der Öffentlichkeit wird damit bewusst gemacht, dass neue Regeln gelten. Arbeitsmarktpolitik wird von der Sozialpolitik hin zur Wirtschaftspolitik verlagert. Diese Verlagerung wurde auch physisch vollzogen: Der Bereich „Arbeit" wanderte vom Sozialministerium ins Wirtschaftsministerium.
- Zum Anderen erlaubt die Einführung von „Marktmechanismen" in die operative Umsetzung von Programmen auch die Aktivierung von Produktivitätsreserven. Eine effizientere Umsetzung setzt finanzielle Mittel frei, die entweder im Rahmen der Haushaltskonsolidierung eingespart oder für andere Aufgaben verwendet werden können. Finanzielle Mittel durch ein geändertes Prozessmanagement einzusparen, ist der Öffentlichkeit viel leichter zu vermitteln als das bloße Streichen eines Programms.

Die *Kernelemente des neuen Steuerungs- und Umsetzungsmodells* in der Hamburger Arbeitsmarktpolitik sind folgende:

- Absoluter Vorrang des Integrationsziels vor allen anderen Zielen. Arbeitsmarktpolitik wird auf ihren Kern reduziert, nämlich Arbeitslose in reguläre, nicht subventionierte Beschäftigung zu bringen. Das ist die Dienstleistung für Arbeitslose.

- Anwendung „ökonomischer Prinzipien“ in der Umsetzung und Steuerung von Arbeitsmarktpolitik: Arbeitsmarktpolitische Programme und Projekte werden in einem „Dienstleistungsmarkt“ von Trägern und Organisationen erbracht, der nach ökonomischen Kriterien organisiert ist. Preise, Mengen, Erfolg, Konkurs, Gewinn und Konkurrenz sind jetzt Kategorien, mit denen die operative Umsetzung von Arbeitsmarktpolitik in Hamburg vollzogen und gesteuert wird.
- Einrichtung eines für alle Träger verbindlichen Controllings über Internet. Eintritt, Austritt, Verbleib und bestimmte soziodemografische Daten von *jedem* geförderten Arbeitslosen werden von jedem Träger in einem standardisierten EDV-gestützten Berichtswesen erfasst und können vom Ministerium jederzeit – quasi in Echtzeit – abgerufen und analysiert werden. Auf Basis dieser Daten findet dann ein Benchmarking der Projekte statt, das wiederum über die Verteilung der Platzkontingente auf Ebene der Träger im neuen Haushaltsjahr entscheidet.

Beispiel: Arbeitsbeschaffungsmaßnahmen

- Einführung einer Fallkostenpauschale (maximal 1.100 Euro/Monat) pro Kopf als „Preis“, der von der Wirtschaftsbehörde den Trägern gezahlt wird, die Arbeitsbeschaffungsprojekte durchführen. Hinzu kommen noch 900 Euro Kofinanzierung durch das Arbeitsamt.
- Festlegung eines Platzkontingents je Projekt, auf dem Arbeitslose beschäftigt werden sollen. Das Risiko der Unterauslastung trägt der Träger, für nicht besetzte Arbeitsplätze wird keine Fallkostenpauschale bezahlt.
- Abschluss von Zielvereinbarungen: Für jedes Projekt ist eine Integrationsquote vereinbart. Das ist die Leistung, die der Träger im Auftrag der Kommune erbringen muss.
- Reduzierung der maximalen Förderdauer eines Arbeitslosen auf zehn Monate, um den Integrationsprozess zu beschleunigen.
- Schaffung der Möglichkeit für Träger, Überschüsse (Gewinn) zu erzielen: Für jeden Arbeitslosen, der *vor* Ablauf der Höchstförderdauer von zehn Mo-

naten in Beschäftigung integriert wird, wird die Fallkostenpauschale noch für die „Restförderdauer" ausgezahlt. Der freie Arbeitsplatz kann mit einem neuen Arbeitslosen besetzt werden, für den wiederum eine neue Fallkostenpauschale bezahlt wird. Trägern ist es also möglich, für einen Arbeitsplatz den doppelten Preis zu erzielen. Dieses Geld darf der Träger behalten. Träger haben also einen Anreiz, schnell und erfolgreich Arbeitslose in Beschäftigung zu vermitteln: sie verdienen damit Geld, das in Projekte investiert werden kann.

- Auf der anderen Seite bedeutet dies, dass Träger betriebswirtschaftlich kalkulieren müssen: Sie müssen Prognosen über den Eingliederungserfolg aufstellen, die durchschnittliche Förderdauer schätzen, Aufwand und Ertrag beziffern und einen Durchschnittspreis für ihre arbeitsmarktpolitische Leistung definieren. Die Fallkostenpauschale ist so festgesetzt, dass nur durch erfolgreiche, vorzeitige Integration von Arbeitslosen der Träger seine Kosten decken kann.
- Keine Fördergarantie für Träger: Träger, die zu teuer wirtschaften oder keine Eingliederungserfolge aufweisen können, müssen schließen. Neue Träger erhalten über öffentliche Ausschreibung die Möglichkeit zum Marktzugang.

Der strategische Impuls, der von dem Hamburger Systemwechsel ausgeht, ist groß. Dadurch dass die operative Umsetzung der Arbeitsmarktpolitik „marktwirtschaftlich" organisiert ist, wird eine rationale, auf nachvollziehbaren, quantitativ messbaren Kriterien beruhende Basis der Bewertung und Einschätzung von Programmen, Projekten, Trägern überhaupt erst möglich.

Kosten und Nutzen von Programmen und Trägern werden transparent, mit der Folge, dass der Rechtfertigungsdruck wächst – sowohl auf Seiten der Kommune – was die Wahl ihrer Programme angeht – als auch Seiten der Träger.

4.2 Neben der Einführung marktwirtschaftlicher Prinzipien in die operative Programmumsetzung gibt es einen zweiten Eckpfeiler des Hamburger Strategiewechsels. Das ist die *konsequente Ausrichtung der Arbeitsmarktpolitik auf den regulären Arbeitsmarkt.*

Das Problem der neuen Regierung in Hamburg war, dass sie mit dem zweiten Arbeitsmarkt ein System „geerbt" hatte, das schon allein wegen seiner Masseneffekte nicht von heute auf morgen abzuschaffen war und fast alle finanziellen Mittel band. Rund 85 Prozent aller finanziellen Mittel und aller Förderfälle waren im so genannten Zweiten Arbeitsmarkt – also den Arbeitsbeschaffungsmaßnahmen – gebunden. Um neue Programme mit eigenen politischen Akzenten einzuführen und dadurch die Arbeitsmarktpolitik in Hamburg auf neue Gleise zu schieben, musste in einem fein gesteuerten Prozess der Zweite Arbeitsmarkt in seinem Volumen reduziert und gleichzeitig neue, auf den regulären Arbeitsmarkt ausgerichtete Programme aufgebaut werden.

Der Rückbau des Zweiten Arbeitsmarktes wurde via Fallkostenpauschale mit ihrem Preissystem organisiert. Rund ein Viertel der Förderfälle wurde innerhalb von zwei Jahren abgebaut, die Ausgaben wurden sogar um ein Drittel gesenkt. Dadurch war auch der finanzielle Spielraum für neue Programme geschaffen. Gemeinsame Merkmale der neuen Programme sind:

- Strikte Ausrichtung auf den regulären Arbeitsmarkt und private Betriebe
- drastisch reduzierter Finanzierungsbedarf
- direkte Schaffung zusätzlicher Arbeitsplätze. Das heißt, die Integration des Arbeitslosen wird direkt über den Betrieb erreicht, es ist keine Stufe zwischen Arbeitslosigkeit und Beschäftigung mehr zwischengeschaltet
- alle Programme wurden neu entwickelt, es wurde nicht auf bestehende Programme der Bundesregierung oder der Arbeitsverwaltung zurückgegriffen. Das heißt, in Hamburg wurde ein eigener „policy-mix“ gestaltet. Nur ein Programm wird vom Arbeitsamt mitfinanziert.

Beispiele

Hamburger Modell: Um niedrig entlohnte Arbeitsplätze (bis 1.700 Euro) zu fördern, erhalten Arbeitgeber und Arbeitnehmer für 6 bis10 Monate jeweils pauschal 250 Euro an monatlichem Zuschuss. Für Qualifizierungsmaßnahmen der Arbeitnehmer stehen 2.000 Euro pro Kopf zur Verfügung. Zielgruppe sind Langzeitarbeitslose. Bislang wurden damit 1.500 Beschäftigungsverhältnisse begründet. Mit dem Fördervolumen des Hamburger Modells wurde der Abbau des zweiten Arbeitsmarktes mehr als kompensiert – und das bei geringerem Mitteleinsatz.

Vermittlungsagentur: In Kooperation mit der Handwerkskammer wird eine Internet-Vermittlungsagentur aufgebaut. Rund 1.000 Beschäftigte aus Arbeitsbeschaffungsmaßnahmen sollen jährlich auf Basis eines Profilings mit ihren spezifischen beruflichen Merkmalen (Ausbildung, Kenntnisse) auf der Internetplattform präsentiert werden. Das Profiling ist an den tatsächlichen Bedarfen und

Anforderungen der Betriebe ausgerichtet. Betriebe, die Arbeitskräfte suchen, können via Internet die Vermittlungsangebote einsehen und bei Bedarf die Kräfte abfordern. (seit Mai 2003 im Aufbau).

Existenzgründung für Kleinstunternehmer: Arbeitslose, die keinen Zugang zu Bankkrediten haben, können Darlehen bis maximal 12.000 Euro erhalten, um kleine Betriebe zu gründen. Innerhalb eines Jahres wurden 110 Existenzgründungen in Hamburg gefördert.

Gemeinnützige Arbeit: Arbeitslosenhilfeempfänger können für 3 bis 6 Monate zusätzlich, *ohne Einkommensanrechnung*, für gemeinnützige Arbeiten bei Wohlfahrtsverbänden, Trägern, Kirchen etc. 2 Euro pro Stunde hinzuverdienen – also monatlich 330 Euro. Mit dem Programm soll für Arbeitslosenhilfeempfänger, die keinen Arbeitsplatz finden, ein Anreiz geschaffen werden, dennoch zu arbeiten und ihre Beschäftigungsfähigkeit zu erhalten. Perspektivisch – wenn die geplanten Gesetzesänderungen der Bundesregierung umgesetzt werden – soll mit diesem Programm nach dem Grundsatz des „Fördern und Fordern" auch die Arbeitsbereitschaft von Arbeitslosenhilfe- und Sozialhilfeempfängern überprüft werden. Zurzeit sind 200 Plätze vorhanden, ein Ausbau auf 350 Plätze ist geplant.

Agentur für Haushaltsdienstleistungen: Um Schwarzarbeit in geregelte sozialversicherungspflichtige Beschäftigung umzuwandeln, wird ab November dieses Jahres eine Agentur durch Zuschüsse von 3 Euro zu jeder von ihr geleisteten Haushaltsdienststunde gefördert. Dadurch wird der betriebswirtschaftlich notwendige Preis – unter Nutzung der von der Bundesregierung für diese Dienstleistungen eingeräumten steuerlichen Abzüge – in die Nähe des Schwarzmarktpreises heruntersubventioniert. Sollte sich die Agentur bewähren, die als innovatives Modellprojekt konzipiert ist, dann will das Land Hamburg eine Gesetzesinitiative starten, um die Hamburger Regelungen bundesweit gelten zu lassen.

Als flankierende Maßnahme im Sinne der „Marktforschung" wird das Instrument des *Branchenmonitoring* eingesetzt. In einem ersten Schritt wurde in zwei Branchen – Logistik und Gaststätten – auf Basis von rund 1.000 Telefongesprächen und rund 100 Betriebsinterviews das Tätigkeiten- und Qualifikationsprofil des in diesen Branchen vorhandenen Arbeitsplatzangebots ermittelt und das Potenzial offener Stellen abgeschätzt, auf die Arbeitslose mit eher geringen Qualifikationen vermittelt werden können. Ziel des Branchenmonitorings ist, für ausgewählte Branchen die Eingliederungsmöglichkeiten für Arbeitslose einzuschätzen und insbesondere die dafür notwendigen Qualifikationsanforderungen an Weiterbildungsträger zu vermitteln.

Übergeordnetes strategisches Ziel des Branchenmonitoring ist, die Arbeitsmarktpolitik noch genauer an den konkreten Bedarfen der Wirtschaft zu orientieren und insofern die Rationalität von Arbeitsmarktpolitik zu erhöhen.

Im Ergebnis hat der Strategiewechsel in Hamburg bewirkt, das mit einem deutlich verringerten finanziellen Fördervolumen deutlich mehr Arbeitslose in arbeitsmarktpolitischen Maßnahmen gefördert werden – und das bei einer unveränderten Zielgruppenorientierung auf Langzeitarbeitslose. Bezogen auf die Plandaten für 2004 werden die Ausgaben gegenüber 2001 um rund 25 Prozent abgesenkt, die Zahl der geförderten Arbeitslosen wird um genau diesen Prozentsatz erhöht sein. Und: Wurden 2001 noch 90 Prozent aller Arbeitslosen in Projekten gefördert, die *nicht* im regulären Arbeitsmarkt angesiedelt waren, wird dieser Prozentsatz 2004 auf 50 Prozent reduziert sein.

Kommunale Bündnisse für Arbeit in Deutschland: Anspruch und Wirklichkeit

Elke Wiechmann

In einer von der gewerkschaftsnahen Hans Böckler Stiftung über zwei Jahre geförderten Studie „Kommunale Bündnisse für Arbeit – Neue Perspektiven für die Arbeit in den Städten" (Kißler/Greifenstein/Wiechmann 2003)[1] sind vier kommunale Bündnisse für Arbeit und Ausbildung in den genaueren Forschungsblick genommen worden. Den Bündniskontext (vgl. 1), das methodische Vorgehen (vgl. 2), die Bündnisimplementation (vgl. 3) sowie die Ergebnisse (vgl. 4) heben zum einen die Spezifika der kommunalen Bündnisse für Arbeit hervor, weisen allerdings auch auf Parallelen zu ähnlich ambitionierten Initiativen wie lokale/ regionale Netzwerke oder Partnerschaften zur Beschäftigungsförderung auf. Der Beitrag schließt mit einem Fazit (vgl. 5), das noch einmal die Bedeutung neuartiger kooperativer Arrangements auf lokaler Ebene sowie der erkennbar zunehmenden Vernetzung unterschiedlicher kommunaler Politikfelder hervorhebt.

1 Kontext kommunaler Bündnisse für Arbeit

Mit kommunalen Bündnissen wollen die Städte einen Beitrag gegen die Auswirkungen der Massenarbeitslosigkeit leisten und damit zugleich als Vorbilder wirken. Arbeitslosigkeit ist längst nicht mehr nur ein Problem steigender Sozial- und Hilfeleistungen der Kommunen und allein verantwortlich für die leeren Kassen der Städte. Die Folgen von Massenarbeitslosigkeit haben mittlerweile nahezu alle Politikfelder erreicht, ob Sozial-, Wirtschafts- oder Stadtentwicklungspolitik.

1 Diese und weitere Veröffentlichungen der Studie sind Grundlage für den vorliegenden Beitrag (Kißler/Greifenstein/Wiechmann 2002, S. 238-243; Kißler/Wiechmann 2003; Wiechmann/Kißler 2000, S. 58 ff.; Wiechmann 2003)

In Anlehnung an das Bündnis für Arbeit, Ausbildung und Wettbewerb auf Bundesebene haben sich in der zweiten Hälfte der 90er Jahre kommunale Bündnisse für Arbeit auf lokaler Ebene etabliert. Die ersten kommunalen Bündnisse in Deutschland wurden in Hamburg (1996 bis 1998), Essen (seit 1997) und Wuppertal (seit 1998) geschlossen und sind zugleich Untersuchungsfeld der Studie.

Die Gewerkschaft ist zentraler politischer Akteur und Vertragspartner zusammen mit dem (Ober-) Bürgermeister, der politischen Leitfigur und zugleich Leiter der Kommunalverwaltung. Aus der Erkenntnis heraus, dass der Markt alleine die Probleme am Arbeitsmarkt und für die Zukunftsfähigkeit der Kommune nicht lösen kann, hat sich ein lokaler (Beschäftigungs-) Pakt von Arbeitgeber- und Arbeitnehmerseite manifestiert. Kommunale Beschäftigungspolitik wird in dieser lokalen Partnerschaft als eines von mehreren Maßnahmenpaketen zum integrativen Bestandteil erklärt.

Die Chancen für lokale Bündnisse für Arbeit werden, so lässt sich vermuten, auch deshalb steigen, weil die je individuellen Struktur- und Rahmenbedingungen lokal sehr unterschiedliche Voraussetzungen bieten und dies die lokalen Akteure am ehesten einschätzen können. Schon deshalb sind lokale Bündnisse für Arbeit zumindest erfolgsträchtig.

Ziel des Forschungsvorhabens war es, auf der Grundlage der untersuchten kommunalen Bündnisse, deren *Spezifika* zu sonstigen beschäftigungspolitischen lokalen oder regionalen Arrangements auszuloten und eine Einschätzung darüber zu erhalten, wie es um die *Tragfähigkeit und nachhaltigen Erfolgsaussichten* solcher Bündnisse bestellt ist:

- Generell folgen wir dabei eher vorsichtig der verbreiteten These, dass schnelle Erfolge ein Qualitätsmerkmal für nachhaltige Effekte sein müssen.
- Kommunale Bündnisse sind außerdem in den Kontext der je lokalspezifischen Modernisierungsdebatte (Verwaltungsreform mit ihren Begleiterscheinungen von Rationalisierung und Haushaltskonsolidierung) zu stellen, da letztere häufig mit ihren Rahmenbedingungen die Gestaltung lokaler Bündnisse determinieren bzw. entscheidend prägen können.
- Eine Grundsatzfrage war für uns auch, ob kommunale Bündnisse die Geschlechterperspektive berücksichtigen, was schließlich nahe liegt, wenn es um die Neupositionierung von Arbeit, Arbeitszeit und Arbeitsverteilung geht.

Die analysierten Fallbeispiele kommunaler Bündnisse geben einen Einblick in die Vielfalt der Ansätze und Selbstverständnisse solcher Kooperationen, deren

Zielstellung aber gleich lautet: Schaffung und Sicherung von Ausbildungs- und Arbeitsplätzen. Dabei setzt man insbesondere auf die Umverteilung von Arbeit, also die vorhandene Arbeit auf mehr Schultern zu verteilen. Damit verfolgen die kommunalen Bündnisse für Arbeit einen hohen Anspruch, der zunächst innerhalb der Verwaltungen als Unternehmen ansetzt.

Gerade durch den binnenorientierten Ansatz kommunaler Bündnisse geraten diese in die Nähe der „betrieblichen Bündnisse", wie wir sie aus Unternehmen der Privatwirtschaft bereits kennen. Allerdings sind letztere vor allem darauf gerichtet, Beschäftigung und Arbeit in den von Krisensituationen betroffenen Betrieben zu sichern. Kommunale Bündnisse hingegen suchen über den Beschäftigungserhalt hinaus zusätzlich nach Optionen für die Zukunft der Arbeit in der Stadt, also auch außerhalb des Unternehmens Stadt.

2 Vorgehen/Methode

Im Zentrum unserer Untersuchung stehen die kommunalen Bündnisse in den Stadtverwaltungen Wuppertal und Essen. Darüber hinaus wurden zwei weitere kommunale Bündnisse in Deutschland in die Untersuchung einbezogen: Hamburg und Hamm.
Die Forschungsfragen beziehen sich auf drei Dimensionen:

- Auf die *Rekonstruktion* der Bündnisgenese, mit der wesentlichen Frage: Wie sind die Bündnisse entstanden und wer waren die Promotoren?
- Auf die *Evaluation* der Bündnispraxis, mit der wesentlichen Frage nach Erfolgen und Hindernissen.
- Auf die *Prognose* im Sinne einer Bündnisfolgenabschätzung verbunden mit der Frage nach der Zukunftsfähigkeit von kommunalen Bündnissen.

Den ersten Einblick in die Bündnisse verschafften wir uns über vorhandene Dokumente, Vereinbarungen oder Beschlüsse zum jeweiligen kommunalen Bündnis. In einer ersten Vorstudie zum Wuppertaler kommunalen Bündnis, die wir im Jahre 2000 durchgeführt haben, konnten wir bereits einen Einblick in die potentiellen Chancen und Risiken dieser lokalen Arrangements erhalten (Wiechmann/Kißler 2000).

Unter Einsatz verschiedener Methoden (Beschäftigtenbefragung in der gesamten Stadtverwaltung von Essen und Wuppertal, Gruppendiskussionen und

Expertengespräche) haben wir die Adressaten des Bündnisses (primär die Beschäftigten) ebenso wie die Akteure des Bündnisses befragt. Zu letzteren gehörten Oberbürgermeister, Stadtdirektor, Fachbereichsleiter, Gesamtpersonalrat, Gewerkschaftsführung sowie lokale Akteure, wie etwa Leiter des Arbeitsamtes, Geschäftsführer der Wirtschaftsförderung etc.

3 Implementation kommunaler Bündnisse

Anders als lokale Partnerschaften oder Netzwerke, die oft aus den Quartieren selbst entstehen (bottom-up), sind kommunale Bündnisse für Arbeit top-down initiierte Prozesse. Zunächst einigen sich die zentralen Akteure, und das sind in kommunalen Bündnissen die lokale Gewerkschaftsführung und der Oberbürgermeister, gemeinsam beschäftigungspolitisch im Unternehmen Stadtverwaltung aktiv zu werden – sie stehen als Vertragspartner. Ein politisches Votum der lokalen Politik ist dabei grundlegend und findet dabei zumeist den parteiübergreifenden Konsens. Kommunale Bündnisse entsprechen allein theoretisch dem dreiseitigen Pakt oder tripartistischem Arrangement zwischen Regierung, Arbeitnehmer- und Arbeitgebervertretung entlang dem Bündnis für Arbeit auf Bundesebene. Praktisch sind kommunale Bündnisse in der vergleichbaren Konstruktion hingegen bilaterale Pakte, da Regierung und Arbeitgeber in Kommunalverwaltungen durch die Funktion des Oberbürgermeisters in Personalunion vertreten sind.

Damit ist bereits ein Interessenkonflikt vorprogrammiert. Dieser besteht darin, dass der Verwaltungschef nicht nur im Zuge einer sich verschärfenden Haushaltskonsolidierung, sondern auch und vor allem im Zuge eines neuen Verständnisses von Staats- und Verwaltungsaufgaben (Verwaltungsmodernisierung) Personal einerseits abbauen muss und derselbe als erster Bürger der Stadt andererseits für mehr Ausbildung und Arbeit im „Konzern“ Stadt sorgen soll (wie in Essen und Wuppertal), um damit einen Beitrag für den sozialen Zusammenhalt der Gemeinschaft zu leisten, für den er maßgeblich mitverantwortlich ist. Das ist in Rechnung zu stellen, wenn die kommunalen Bündnisse bisweilen als „verlängerte Arme“ des nationalen Bündnisses konnotiert werden.

Die kommunalen Vertragspartner vereinbaren ein Bündnisprogramm, dass vom Grundsatz her folgendes Maßnahmenpaket[2] umfasst:

2 Das vorgestellte Maßnahmenpaket wird als Beispiel angeführt und ist dem Bündnisvertrag der Stadt Wuppertal entnommen.

- Ausbildung (§ 1)
- Umverteilung von Arbeit durch Altersteilzeit und Teilzeitbeschäftigung (§ 2)
- Abbau von Überstunden/ Mehrarbeit (§ 3)
- Einführung neuer Arbeitsmodelle – flexible Arbeitszeit (§ 4)
- Modellprojekte kommunaler Beschäftigungsförderung (§ 5)
- Erhalt einer leistungsfähigen und qualitativ hochwertigen Pädagogik der kommunalen Kindertagesstätten und Kindergärten (§ 6)
- Öffentlichkeitsarbeit (§ 7)
- Anwendung der Vereinbarung auf die Konzerntöchter (§ 8)[3]

Insbesondere die ersten fünf Maßnahmen können als Standardmaßnahmen bezeichnet werden, die für die kommunalen Bündnisbeschlüsse und -verträge zunächst grundlegend waren. Hinter dem § 6 verbirgt sich ein zum Zeitpunkt der Bündnisverhandlungen lokalpolitisch brisantes Thema, dass über das Bündnis entschärft werden sollte. Der letzte Paragraph (§ 8) bezieht sich auf die Neuorganisation der Stadtverwaltung als Konzern, wonach die Konzerntöchter über einen größeren Autonomiespielraum verfügen. Insbesondere die Gewerkschaft als Bündnispartner versucht über den letzten Paragraphen, die Konzerntöchter ausdrücklich in die Bündnispflicht einzubeziehen.

Die beiden Bündnisse *Essen und Wuppertal* sind insgesamt betrachtet ähnlich organisiert. Zur Implementation der Bündnisse wurde jeweils eine Projektorganisation eingerichtet, die sowohl Anschub- als auch Koordinierungsfunktion leisten sollte. Nach ca. zweijähriger Laufzeit wurde das Bündnis mit seinen Maßnahmen in den „normalen" Verwaltungsbetrieb bzw. in die Linienorganisation übergeben. Ein begleitendes Forum bzw. Gremium zur Bewertung und/oder Weiterentwicklung der Bündnisinitiative gab es danach nicht mehr.

Für beide Städte gilt der kommunale Bündnisvertrag vorrangig innerhalb der Stadtverwaltung und ihrer Töchterunternehmen. Die Öffnung für weitere lokale Partner des Bündnisse (etwa aus Verbänden und Wirtschaft) ist über den Paragraphen „kommunale Beschäftigungsförderung" (§ 5) im Bündnisvertrag zwar jeweils angelegt, wird in der Bündnispraxis jedoch eher losgelöst vom kommu-

---

3 1997 wurde in Wuppertal der Konzern Stadt gebildet. Die Konzerninteressen stehen vor den Betriebsinteressen. Vorrangig geht es um die Optimierung und Auslastungspotentiale der Töchter. Wuppertal hat zum Zeitpunkt der Untersuchung ca. 25 unterschiedlich große Konzerntöchter. Die Mehrheiten liegen für alle Töchter bei der Stadt. Der Konzern wird über einen Konzernausschuss gesteuert, dessen Leitung der Kämmerer bzw. Stadtdirektor übernimmt. Im Rahmen des Bündnisses spielt der Konzern allerdings noch eine geringe Rolle und wird hier vorrangig als Appell wahrgenommen. Nach zweijähriger Bündnislaufzeit gab es von den 25 Konzerntöchtern lediglich eine Zusatzvereinbarung zum Bündnisvertrag.

nalen Bündnis für Arbeit verfolgt. Hier gibt es wenig Vernetzung zwischen jeweiligen Akteuren und Aktivitäten.

So bleiben beide Bündnisse eher auf dem Niveau der Binnenorientierung stehen, auch wird eine Weiterentwicklung der Maßnahmen selbst kaum erkennbar. Vor dem Hintergrund einer verschärften Haushaltskonsolidierung und dem zunehmenden Zwang städtisches Personal abzubauen, werden auch die Bündnisziele zunehmend unter dem Aspekt der Beschäftigungssicherung und immer weniger unter dem Aspekt der Umverteilung von Arbeit oder gar Schaffung neuer Arbeitsplätze diskutiert.

Offenbar sind kommunale Bündnisse für Arbeit à la Essen und Wuppertal „ehrgeizige Vorhaben mit eingeschränkten Handlungschancen“ (Kißler/Greifenstein/Wiechmann 2002, S. 238 ff.), wobei sich ihre Grenzen bereits aus dem Kontext der gewählten Maßnahmen ergeben. Richten wir den Blick auf die Folgen der Bündnismaßnahmen, dann stellt sich sogleich die Frage nach ihrer Bündnistauglichkeit in Sparzeiten. Dieser Frage soll im Folgenden an Hand zweier Maßnahmen aus dem Standardpaket kommunaler Bündnisse nachgegangen werden: *Altersteilzeit* und *Überstundenabbau* (vgl. Wiechmann 2003, S. 65 ff.).

Altersteilzeit

Am Beispiel der Stadt Wuppertal lässt sich die ambivalente Erfolgseinschätzung dieser Bündnismaßnahme veranschaulichen. Beurteilt man den Erfolg rein quantitativ, dann kann Wuppertal für sich in Anspruch nehmen: Diese Maßnahme war erfolgreich (mit ca. 120 Verträge zum Zeitpunkt der Erhebung bei einem Beschäftigungsvolumen von ca. 5000). Allerdings darf man bei dieser Maßnahme nicht allein den gegenwärtigen bündnispolitischen Erfolg bewerten, sondern muss ebenso den Blick auf die nicht intendierten Folgen und Nebenwirkungen für die Zukunft (Nachhaltigkeit) richten. Prinzipiell bietet Altersteilzeit jenen älteren Kolleginnen und Kollegen, denen dieses Angebot entgegenkommt, die Möglichkeit, jüngeren den Einstieg in Beschäftigung zu erleichtern. Dennoch muss man konstatieren, dass nicht in dem Maße jüngere den älteren Kollegen folgen, wie ursprünglich mit diesem Modell beabsichtigt. Statt dessen muss ein Teil der eingesparten Anteile zur Finanzierung des Altersteilzeit-Modells selbst genutzt werden und schließlich fordert auch die sich verschärfende kommunale Haushaltssituation ihren Tribut.

Misst man den Erfolg der Altersteilzeit allein an den positiv entschiedenen Verträgen, hat sich diese Bündnismaßnahme sicher bewährt. Wird der Maßstab für Erfolg erweitert um die Anzahl der daraus entstandenen zusätzlichen Ausbildungs- und Arbeitsplätze, dann ist die Erfolgsbilanz jedoch deutlich geringer einzuschätzen.

Allerdings bietet die Stilllegung von Arbeitskraft durch Altersteilzeit oder Frühverrentung noch eine weitere für die organisationale Altersstruktur bedeutsam ist: Das städtische Personal erhält damit eine Verjüngungskur, die weitere Folgen erahnen lassen. Die Inhaber der ohnehin immer knapper werdenden Führungs- und Leitungspositionen „verjüngen" sich drastisch und verbauen zugleich auf lange Sicht Karriere- und Aufstiegsmöglichkeiten für weite Teile der in dieser Hinsicht ambitionierten Belegschaft. Dies betrifft auch und insbesondere die beschäftigten Frauen. In wie weit sich Folgen bezüglich modernisierungsorientierter Führungskräfte- und Nachwuchsförderungsqualifizierungen sowie bezüglich neuer Methoden etwa von Mentoringprogrammen daraus ergeben, ob sie durch Altersteilzeit und Frühverrentungen gar konterkariert werden, kann noch nicht empirisch belegt werden. Bezüge sind allerdings mehr als denkbar.

Bringen wir die Maßnahme „Altersteilzeit" in ihrem Nachhaltigkeitseffekt auf eine allgemeinere eher volkswirtschaftliche Formel, dann sind die Überlegungen von Wolfgang Streeck und Rolf Heinze, beide kritische Berater im nationalen Bündnis für Arbeit, sicher angebracht: „Die durch Beiträge finanzierten umfangreichen Frühverrentungen haben die Lohnnebenkosten erhöht und damit die Beschäftigungskrise, die sie lösen sollten, langfristig verschärft" (Streeck/Heinze 2000, S. 29). Mit anderen Worten, Altersteilzeit und Frühverrentungen können wir uns auf Sicht nicht mehr leisten, was auch dadurch zum Ausdruck kommt, dass im Zuge der bundesdeutschen politischen Debatte zur Rentenreform die Verlängerung der Lebensarbeitszeit im Fokus der Argumentation steht.

Überstundenabbau

Ebenso wie für die Teilzeitarbeit im Allgemeinen und die Altersteilzeit im Besonderen galt lange Zeit der Abbau eines erheblichen Überstundenberges als eine Lösungsmöglichkeit zur Überwindung der Beschäftigungskrise. In Wuppertal beispielsweise sind für die beiden Jahre 1998 und 1999 insgesamt ca. 120.000 Überstunden angefallen. Eine Zahl die sich rein rechnerisch auf ca. 30 Vollzeit-Stellen bringen ließe. Aber eben nur theoretisch, denn die Überstunden verteilen sich auf ca. 30 Organisationseinheiten und auf die wiederum zugehörigen Abteilungen. Hieran allein wird schon erkennbar, wie hochgradig vermint das Feld der Umverteilung von Stundenanteilen ist, denn Stadtverwaltung als „Gemischtwarenladen“ bedeutet das Zusammenspiel von unterschiedlichen beruflichen Provenienzen. Mit anderen Worten, die verfügbaren Überstunden aus völlig verschiedenen Berufsfeldern lassen sich nicht umstandslos in neue Beschäftigungsverhältnisse umwandeln, ganz ungeachtet von existierenden Ressortegoismen.

Darüber hinaus gibt es aber auch Bereiche (Gartenbau oder Abfallwirtschaftsgesellschaft), die traditionell mit hohen Überstundenzahlen gearbeitet haben bzw. dies noch tun, die sich aber zugleich über eine neue Arbeitsorganisation deutlich reduziert haben. Dies kam zwar nicht dem Anliegen des Bündnisses zugute, allerdings ist eine straffere Organisation durchaus Ziel der Verwaltungsreform.

Das *Hamburger Bündnis* (1996 bis 1998) hatte ebenfalls das Thema Überstunden im Maßnahmenset und war ebenfalls wenig erfolgreich im Bündnissinne. Dieses Bündnis war von vorne herein breiter angelegt, insofern man zunehmend die Wirtschaft versuchte in die Bündnispflicht zu nehmen. Für Hamburg insgesamt ist eine steigende Zahl von Überstunden erkennbar. Mit nur einem Drittel dieser Überstunden könnten schätzungsweise 10.000 zusätzliche Vollzeitarbeitsplätze in Hamburg geschaffen werden. Grund des Scheiterns? 30 geladene Unternehmen nehmen Stellung: Sie unterstrichen die herausragende Bedeutung des Bündnis-Vorstoßes, allerdings können sie unisono nicht auf die mit dem gegenwärtigen „Überstundenmodell“ gewährleistete und nötige unternehmensinterne Flexibilität (Bearbeitung von Auftragsspitzen) verzichten, wenn sie wettbewerbsfähig bleiben wollen. Sie bezeichnen dieses Modell immer noch als wirtschaftlicher gegenüber der Neueinstellung von Personal mit den entsprechend anfallenden Nebenkosten. Damit hatte sich ein ernstzunehmender Diskurs zum Thema „Umverteilung von Arbeit durch Überstundenabbau“ erledigt.

Über die hier nur ansatzweise skizzierten Grenzen der Bündnismaßnahmen hinaus gibt es allerdings eine weitere wichtige Signalwirkung für ein gemeinsames Bündniswirken: Die Präsenz der Bündnisinitiatoren, die damit ihrer Initiative Glaubwürdigkeit verleihen. In beiden Bündnisstädten, Essen wie Wuppertal, lässt sich nach dem Vertragsabschluss jedoch eher der Rückzug der Initiatoren aus der „Bündnisöffentlichkeit“ erkennen, woran die Adressaten wiederum die Bedeutung des Bündnisses messen.

Auch *Hamburg* und *Hamm* haben mit einem vergleichbaren Bündnisprogramm (wie Essen und Wuppertal) begonnen. Allerdings haben sie sich bald von der Idee verabschiedet, dass ein binnenorientiertes kommunales Bündnis aus eigener Kraft wesentlich zur Lösung der lokalen Beschäftigungskrise beitragen kann. Hier hat man den Kreis der lokalen Partner bis hin zu den Unternehmen erweitert und ebenso versucht verschiedene Politikfelder stärker miteinander zu verbinden bzw. zu „versöhnen", wenn hier Arbeitsmarkt- und Beschäftigungspolitik, Sozialpolitik, Stadtentwicklungspolitik und Wirtschaftspolitik als gemeinsame kommunale Entwicklungspolitik immer stärker in den Vordergrund rücken.

In *Hamburg* gab es eine andere Bündnisentwicklung, die mittlerweile drei Etappen genommen hat:

- Der erste Bündnisschritt (1996 bis 1998) glich dem Zuschnitt kommunaler Bündnisse nach dem Beispiel von Essen und Wuppertal, sowohl in Bezug auf die Maßnahmenwahl als auch mit Blick auf die binnenorientierte Ausrichtung.
- Der zweite Bündnisschritt – die hier untersuchte Hamburger Initiative für Arbeit und Ausbildung (1998 bis 2001) – war eine Weiterentwicklung in sofern, als man neben neuen eher am Arbeitsmarkt orientierten Maßnahmenfeldern[4] zugleich den Kreis der Bündnisakteure bzw. der Bündnispartner um Kammern, Verbände und die Arbeitsverwaltung erweiterte.
- Eine dritte Etappe lässt sich für den 2002 gestarteten Vorstoß mit einem neuen Themenschwerpunkt „Jugendliche mit migrantischem Hintergrund" erkennen, wobei sich diese Initiative, anders als von den unmittelbaren Akteuren erhofft, nicht als drittes Bündnis etablieren konnte.

Die Koordination des Bündnisses lag jeweils beim Hamburger Planungsstab der Senatskanzlei. Die vornehmliche Aufgabe bestand in der Vernetzung und dem Austausch innerhalb der Initiative und den Akteuren.

Eines zeichnet sich in Hamburg darüber hinaus deutlicher ab, als in allen anderen Bündnissen, nämlich die *Politikhaftigkeit* von Bündnissen. Das heißt, mit jeder neuen Legislaturperiode gab es Bündnisveränderungen. Jede neue Kommunalregierung wollte sich ein eigenes Bündnisprofil geben und übernahm nicht

4 Hierbei handelt es sich etwa um die Verbesserung der Berufsorientierung, insbesondere von Hauptschülern, um Qualifizierungen in zukunftsträchtige Branchen wie IT-Bereich oder Raum- und Luftfahrtindustrie, um die Förderung von Vernetzungen, Existenzgründungen und Unterstützung von Unternehmen in Umstrukturierungsprozessen.

ohne weiteres das Konzept ihrer politischen Vorgänger, ob nun bewährt oder nicht.

In Hamm treffen wir auf eine Form von Bündnissen, die sich durch einen hohen *informellen Grad* auszeichnet. Besonders deutlich zeigte sich dies auf der Suche nach Dokumenten bzw. schriftlichem Material zum Bündnis – außer einem Ratsbeschluss und einer Mitteilungsvorlage der Verwaltung gibt es kaum „Papier". Aber gerade hierin vermuten die Akteure den Bündniserfolg, da sich ihr Experimentierradius und ihre Handlungsmöglichkeiten damit erhöhen. Der offenkundig erreichte Erfolg dieser Bündnisform hat jedoch durchaus zwei Gesichter: Mit der informellen Struktur und vergleichsweise wenigen Vorgaben ist der Experimentierradius zwar erheblich größer als in stark formalisierten Bündniskonstruktionen. Aber zum einen fällt die Erfolgskontrolle mangels Messgrößen entsprechend geringer aus und zum anderen hängt hier mehr als in anderen Bündnisvarianten der Erfolg an einzelnen Persönlichkeiten und ist somit hochgradig personenabhängig. Fallen die maßgeblichen Bündnispromotoren aus, ist auch das Bündnis stark gefährdet.

Das Bündnis wird in Hamm durch den „Beirat für Arbeitsmarktpolitik" bei der Wirtschaftsförderungsgesellschaft gesteuert. Die dem Bündnis zuzurechnenden Projekte und Aktivitäten reichen mittlerweile über das ehemals beschlossene Standardpaket kommunaler Bündnisse hinaus, wobei hier wie bereits in den anderen Städten eine deutliche Priorität bei der Ausbildung (z. B. Teilfinanzierung von Ausbildungsplätzen, Verbundausbildung, Entwicklung neuer Ausbildungsgänge) liegt. Deutlich stärker als in Essen und Wuppertal versucht man die lokalen Unternehmen einzubinden und auf Wachstumsbranchen wie Kommunikationstechnologie und Logistik unterstützend zu wirken. Darüber hinaus versucht man die ortsansässigen Unternehmen stärker in die gesellschaftspolitische Pflicht zu nehmen, indem Ansätze eines „Bürgerschaftlichen Engagements von Unternehmen" verfolgt werden. Insgesamt betrachtet existieren in Hamm eine Reihe verschiedener beschäftigungs- und arbeitsmarktpolitischer Ansätze, die allerdings kaum (systematisch) dokumentiert sind und bestenfalls quantitativ nachgehalten werden.

4 Zentrale Ergebnisse

4.1 Kommunale Bündnisse und lokale Netze

Bisherige praktische und wissenschaftliche Erkenntnisse zur Funktionsweise von lokalen/ regionalen Netzwerken und Partnerschaften treffen weitgehend auch für die untersuchten kommunalen Bündnisse zu (Birkhölzer/Lorenz/Schillat 2001; Evers 2002; Hild 1997; Neumann 1996+2000; Oppen/Straßheim 2002; Maliszewski/Neumann 2003). Die Fallstudien untermauern diese Ergebnisse, die im Folgenden zusammenfassend dargestellt werden (Kißler/Greifenstein/Wiechmann 2003, S. 171 ff.)[5]:

- Grundsätzlich stützen sich kommunale Bündnisse auf einen *pluralistischen Ansatz* und können einen gesellschaftlichen Demokratisierungsschub auslösen (Evers 2002, S. 46). Praktisch zeigt sich aber, dass die Bündnisse dominant oder gar ausschließlich von korporativen Akteuren beherrscht werden und sie sich eher als „closed shops" auszeichnen, was sie grundsätzlich vor das Problem der Kontrolle und Legitimation stellt (vgl. auch Neumann 2000, S. 427; Oppen/Straßheim 2002, S. 8 ff.).
- Nach bisherigen Erkenntnissen liegt ihre Bindekraft jenseits von Markt und Hierarchie. Bündnisse und Netzwerke können als *neues Politikmodell* verstanden werden, das „zwischen den Polen der autonomen politisch-administrativen und der rein marktlichen Regulierung" (Oppen/Straßheim 2002, S. 8) anzusiedeln ist, wobei allerdings die zivilgesellschaftlichen Anteile dieser Politikbeziehung noch deutlich unterrepräsentiert sind.
- Die Arbeitsbeziehungen in derartigen Bündnissen beruhen auf *Kooperation und Konsens*. Neumann bezeichnet den Prozess der Konsensbildung als mühevoll und zerbrechlich, „weil er im Gegensatz zum Kompromiss nicht auf Machtbalance, sondern auf „Waffengleichheit" (auch unter machtpolitisch Ungleichen) beruht" (Neumann 1996, S. 762).
- Lokale Bündnisse und Netzwerke können als *Tauschgeschäft* verstanden werden, oder wie wir es genannt haben, als Deal. Es gilt das Reziprozitätsprinzip, das beinhaltet, dass jeder Partner im Zuge eines Interessenabgleichs einen Gewinn durch seine Bündniskooperation erzielt.

5 Die folgenden Ausführungen sind leicht verändert dem publizierten Forschungsbericht entnommen: Kißler/Greifenstein/Wiechmann 2003: Kommunale Bündnisse für Arbeit. Neue Perspektiven für die Zukunft der Arbeit in den Städten. Berlin

- Das lässt bereits auf eine weitere wichtige Voraussetzung für Bündniskooperationen schließen: ihre *Akzeptanz*, die sich nicht nur auf die zentralen korporativen Akteure beziehen kann, sondern in den jeweils beteiligten Organisationen ihren Widerhall finden muss, um genügend Empowerment für umzusetzende Bündnismaßnahmen, -projekte oder -aktivitäten freisetzen zu können.
- Letztlich sind Bündnisse in starkem Maße vom *gegenseitigen Vertrauen* unter den Partnern abhängig. Keiner darf sich ausgenutzt oder über den berühmten Tisch gezogen fühlen. Sucht man gerade in bereits längerfristig arbeitenden Bündnissen nach ihrer Erfolgsvoraussetzung, dann ist es genau diese Vertrauenskultur, die allerdings über Jahre erarbeitet wurde. Es ist in allen Fällen eine Kultur, die nur die Zeit schaffen kann. Oppen und Straßheim (2002, S. 9) haben aufgrund ihrer empirischen Ergebnisse den Versuch unternommen, „Vertrauen" zu systematisieren und unterscheiden vier aufeinander aufbauende Formen.
- Als zielführende weitere Voraussetzung für die Funktionsfähigkeit von Bündnissen und Netzwerken gilt ihre *Steuerung bzw. Koordinierung*. Da es sich um einen Prozess handelt, ist ein Bündnis kein „Selbstläufer", sondern ein permanenter Diskussions-, Kommunikations- und Austauschprozess. Oppen und Straßheim (2002, S. 11) verweisen mit Blick auf die Vielfältigkeit von Bündnis- bzw. Netzwerkarrangements darauf, dass es kein Patentrezept geben kann.
- *Die (Selbst-)Verpflichtung* erfordert eine sachgerechte, ortsspezifische Regelungsdichte, deren Spannbreite zwischen Regulierung (Spielregeln) und Zentralismus auf der einen Seite und Dezentralisierung, ungeregelt, informell bis hin zur Zufälligkeit auf der anderen Seite reicht.
- *Erfolgskontrollen bzw. Evaluationen* spielen in derartigen Kooperationsbeziehungen gegenwärtig eine viel zu geringe Rolle, was zur Folge hat, dass letztlich kaum zielgerichtet nach- oder umgesteuert werden kann. Die dominanten Erfolgsmesser sind häufig nur die quantitativen Ergebnisquoten (unter der politischen Leitfrage: Wie viel kostet eine Maßnahme und wie viele Arbeits- oder Ausbildungsverhältnisse ergeben sich daraus?). Treten diese (kurzfristigen) Erfolge nicht auf, wird vorschnell mit Ressourcenkürzungen reagiert, anstatt nach den Hintergründen, veränderten Rahmenbedingungen oder Ähnliches zu fragen. So kommt gelegentlich bei Partnern wie bei Adressaten der Bündnisse der Verdacht der „Soziallyrik" auf.

- Auch Bündnisfolgenabschätzungen greifen vielfach zu kurz und übersehen die Nebenfolgen. Unter Nebenfolgen werden all jene Bündniseffekte gefasst, die als nicht-indentierte Folgen bezeichnet werden können. Als die beiden augenfälligsten Nebenfolgen erweisen sich zum einen eine latente „Demokratiefalle“, wenn zum einen kommunale insbesondere korporative Akteure unter sich bleiben, hinter verschlossenen Türen verhandeln und partizipative Elemente auf der Implementationsebene und ggf. in die lokale Gemeinschaft hinein zu kurz greifen. Zum anderen verschärft sich eine Misstrauenskultur, wenn angekündigte Bündnisziele nicht erreicht werden oder erreicht werden können und eine angemessene Information und Kommunikation auf der Grundlage einer fundierten Erfolgskontrolle gerade auf der Ebene der Betroffenen unterbleibt.

4.2 Spezifika kommunaler Bündnisse

Soweit zu den jüngeren empirischen und praktischen Erkenntnissen über lokale/regionale bündnis- bzw. netzwerkförmige Arrangements, wie sie sich mit den hier vorgelegten empirischen Ergebnissen weitgehend decken. Was vor dem Hintergrund der skizzierten Funktionsvoraussetzungen konkret aus den hier untersuchten kommunalen Bündnissen in Abgrenzung zu lokalen Netzen oder Partnerschaften folgt, zeigt sich vor allem in drei Untersuchungsdimensionen: den Akteurskonstellationen, der Rolle der Politik und der Institutionalisierung von kommunalen Bündnissen:

(1) Zentrale Akteure bzw. Partner in kommunalen Bündnissen sind zunächst die Sozialpartner, das heißt der Oberbürgermeister und die Gewerkschaften. Mit der Initiierung eines kommunalen Bündnisses übernehmen sie gemeinsam Verantwortung für das Bündnisziel, müssen aber auch die Rahmenbedingungen für eine optimale Zielerreichung, das heißt die Umsetzung schaffen. Insbesondere die Bündnisse von Essen und Wuppertal etablieren einen kommunalen Pakt, der auf den Prozess der Verwaltungsmodernisierung und -rationalisierung in Kombination mit der Ausgestaltung der Wirtschafts- und Arbeitsbeziehungen innerhalb des Konzerns Stadt ausgerichtet ist. Das heißt, die zielgerichtete Kooperation zwischen Politik, Interessenvertretungen, Verwaltungsführung und Geschäftsführungen (der städtischen Mehrheitsbeteiligungen) besteht darin, wirtschaftliche Effektivitätssteigerung ohne allzu schmerzliche Einschnitte in Personalvolumen und Arbeitsbedingungen durchzuführen. Das Bündnisziel verändert sich also noch während der Um-

setzung, allerdings er „schleichend" als offen kommuniziert. Darunter leidet auch der Bündniskonsens.

An diesem Beispiel kann die These widerlegt werden, dass ein Bündnis mit wenigen Partnern eher oder besser gelingt, als mit mehreren. Denn mit der Implementationsphase des Bündnisses zogen sich auch die Bündnispartner (Oberbürgermeister und Gewerkschaft) zurück – möglicherweise in dem Glauben, dass sie ihre „Hausaufgaben" mit der Initiierung erledigt haben. Damit verlor das Bündnis in den Augen der Bündnisadressaten (der Beschäftigten) an personifizierter Kontur und wurde zunehmend unscharf bis hin zur „Unsichtbarkeit".

(2) Das lokale Parlament spielt in den Bündnisarrangements keine vordergründige Rolle, aber dennoch eine entscheidende. Die Politik votiert in allen Bündnissen für ihre Etablierung und bietet den Bündnispartnern damit eine wichtige Handlungsgrundlage. Mit dem Oberbürgermeister erhält das Bündnis einen starken Partner, sowohl als eine politische Leitfigur wie auch als zentraler Managementakteur im gesamten Konzern Stadt. Allerdings ist ein kommunales Bündnis damit zugleich stark politikabhängig und neigt zur Zerbrechlichkeit, wenn sich im Rahmen von Politikzyklen (Legislaturperioden/ Wahlen) die Bündnisziele bzw. -schwerpunkte verlagern oder verändern, wie dies in Essen und Wuppertal erkennbar wird. Noch deutlicher zeigt sich die Politikhaftigkeit von Bündnissen in Hamburg, wo es nach jedem politischen Wechsel zugleich eine neue Bündnisdefinition gab. Da Bündnisse allerdings auf längerfristige Prozesse setzen, um ihre Wirksamkeit überhaupt entfalten zu können, kann diese Abhängigkeit von Politikzyklen die Nachhaltigkeit der Bündnisse und ihrer Effekte gefährden. Das ist das Risiko, aber zugleich auch eine Chance, falls dadurch neue Impulse in das Bündniskonzept eingebracht werden.

(3) Der Institutionalisierungsgrad kommunaler Bündnisse kommt einem Balanceakt gleich. Bündnisverträge sind zunächst politische Verträge und damit noch keineswegs Garant für eine effektive Zielumsetzung. Am deutlichsten zeigt sich dies in Wuppertal. In Hamm handelt es sich dagegen um ein Bündnis, das eher einer losen Kopplung ähnelt mit schwach ausgeprägter Formalisierung und vor allem deshalb funktioniert, weil sich die Akteure auf der Handlungsebene als die „eigentlichen Bündnisakteure" (starke Selbstverpflichtung) verstehen und in ihren jeweiligen Aktionsfeldern aktiv werden.

4.3 Prognose

Noch lassen die kommunalen Bündnisse eine gewisse Unterentwicklung erkennen. Sie wird besonders deutlich im Verständnis als kommunaler Sozialpakt. Mehr ließe sich erreichen, so die Prognose, wenn der zweckorientierte, konzerninterne Deal des kommunalen Bündnisses, wie in Essen und Wuppertal, auf lokale Strukturen erweitert würde, die ihrerseits in übergreifende interkommunale und intersektorale Netzwerke eingebettet sind. Daraus zeichnet sich die Perspektive von lokalen Entwicklungskoalitionen und regionalen Partnerschaften ab. Auch wenn in Hamburg und Hamm derartige Perspektiven bereits stärker konturiert sind, ergeben sich hier neue bzw. andersartige Problemzonen.

Die Potentiale, die kommunale Bündnisse als Interventionsstrategie für multidimensionale Krisenerscheinungen beinhalten, sind insgesamt zwar erkannt, aber noch mit erheblichen Defiziten belastet. Ob kommunale Bündnisse als Zukunftsmodell taugen, hängt im Wesentlichen von den Entwicklungspotentialen der folgenden Problemzonen ab:

Entkopplung einer Abhängigkeit der Bündniszyklen von Politikzyklen: Kommunale Bündnisse benötigen für die Entfaltung ihrer Wirksamkeit m. E. länger als es ein Politikzyklus erlaubt. Wenn Bündnisse auf der einen Seite eine lokal anerkannte Führung brauchen und diese am ehesten der politischen Leitfigur des Oberbürgermeisters zufällt, dann kommt der politischen Führung eine besondere Schlüsselrolle zu, die zu stärken ist. Bei aller nötigen Dynamik für Innovations-, Veränderungs- oder Anpassungsfähigkeit braucht ein kommunales Bündnis deshalb den politischen interfraktionellen Konsens der Parteien, um die Kontinuität der Bündnisarbeit unterschiedlicher kommunaler Partner und Akteure über Legislaturperioden hinaus zu gewährleisten. Hierdurch könnte auch die lokale Politik an Ansehen und Glaubwürdigkeit gewinnen.

Beförderung einer Bündnisfähigkeit: Bündnisse setzen aufgrund ihrer eigenen Funktionsweise und Dynamik einen Lernprozess bei allen Partnern bzw. Akteuren voraus. Im Bündnis gilt ein anderer Verhaltenskodex der beteiligten Partner jenseits von hierarchischen Mustern. Wenn sich Bündnispartner zunächst vor allem aus den Reihen der korporativen Akteure zusammenfinden, dann sind sie zunächst Partner aufgrund ihrer Funktion in einer Organisation. Sie repräsentieren die Organisation aber nicht nur, sondern müssen die Mitglieder der eigenen Organisation zur Bündnismitarbeit bewegen und überzeugen. Eine Verordnung für die Organisationsmitglieder zur Bündnismitarbeit kann es ebenso wenig geben, wie das Bündnis selbst verordnet werden kann. Das lässt vermuten, dass sich die neue Kultur (veränderter Verhaltenskodex) von Bündnisarrangements nicht allein auf die Bündnisse beziehen kann, sondern bis in die Organisationen hinein wirken muss, da hier die Implementationsebene beginnt. Die Partner schaffen damit als Führungskoalition des Bündnisses die Grundlage für einen Vertrauensbildungsprozess.

Spielregeln und Institutionalisierungsgrad: Kommunale Bündnisse stehen zwischen den Polen Regulierung versus Deregulierung. Eine starke Regulierung (etwa über Verträge) schränkt die Innovationsfähigkeit ein. Dem gegenüber kann ein kaum geregeltes Bündnis (etwa mangelnde strategische Ziele) zur Unverbindlichkeit unter den Partnern führen, oder ist wie in einem Fallbeispiel stark von Personen und nicht von Akteuren getragen. Ohne Spielregeln bleiben Erfolge aus Bündnissen eher „Zufallsprodukt" einzelner engagierter Personen, was schließlich auch die Bestimmung eines Zielerreichungsgrades schwierig macht. Die Spielregeln müssen gemeinsam ausgehandelt werden und können durch gemeinsam entwickelte Leitbilder gerade den Selbstverpflichtungsgedanken stärken.

Prozessorganisation und Erfolgskontrolle (Change-Mangement und Zielerreichungsgrad): Sowohl Prozessorganisation wie auch Erfolgskontrollen weisen starke Defizite in den Bündnissen auf. Eine Prozessorganisation sollte dabei so dezentral wie möglich angelegt sein und die autonomen Bündnis- wie Implementationsakteure mit Handlungskompetenzen ausstatten, die für die Zielerreichung nötig sind. Darüber hinaus sollte eine zentrale Koordination, verstanden als Kompetenzzentrum, für den Informations- und Kommunikationsaustausch im Bündnisprozess sorgen und zugleich eine möglichst weitreichende Transparenz über lokale Maßnahmen und Aktivitäten gewährleisten. Dabei kann ebenfalls eine (interne/externe) Prozessberatung – je nach Größe und Umfang eines Bündnisarrangements – für unterschiedliche Aufgaben oder Problemstellungen eine Rolle spielen, wie etwa für Moderation, Mediation oder Aufgaben der Perspektiven- bzw. Weiterentwicklung auf der Grundlage von Reflexionen bis hin zu Erfolgskontrollen von Bündnissen.

Erfolgskontrollen, Reflexionen oder Evaluationen sind spätestens mit dem Einzug der Verwaltungsmodernisierung und ihres Instrumentariums zwar gängige Vokabeln aber keineswegs selbstverständliche Reformelemente in Kommunen. Die regelmäßige Überprüfung von Zielen, Ressourceneinsatz und Verfahren ist sowohl für die Steuerung von Bündnisprozessen als auch für die Weiterentwicklung bedeutsam und legitimiert schließlich die Bündnispartner gegenüber ihren jeweiligen Organisationen. Wenngleich die Einsicht über die Sinnhaftigkeit von Erfolgskontrollen in den letzten Jahren insgesamt gewachsen ist, und auch Verfahren aus wissenschaftlichen Ergebnissen heraus (Birkhölzer/Lorenz/Schillat 2001, S. 51 ff.), sowie Verbesserungsvorschläge aus der Praxis vorliegen (Radloff 2002, S. 15 ff.; Roberg 2002, S. 25 ff.), so gehören sie keineswegs zur gängigen Bündnispraxis, wie die Fallbeispiele belegen.

Bündnisse als lokaler Demokratisierungsprozess: Durch die Einbindung weiterer lokaler Partner, insbesondere aus dem Bereich des 3. Sektors und zivilgesellschaftlicher Kräfte könnte das positive Signal für einen lokalen Demokratisierungsprozess gegeben werden. Die Demokratisierungschancen von kommunalen Bündnissen liegen im Einbezug der Betroffenengruppen ebenso wie im Einbezug von Partnern aus dem 3. Sektor. Diese sind in lokalen Bündnissen bislang eher zufällig als systematisch eingebunden. Hiermit bleiben nicht nur arbeitsmarkt- und beschäftigungspolitische Kompetenz- und Wissenspotentiale sowie Bedarfsorientierungen unberücksichtigt, sondern – weit tragischer – Bündnisakteure gehen mit diesem Vorgehen auf Distanz zu jenen, für die sie eigentlich ein Bündnis geschlossen haben.

Governance, Aktivieren der Stadt oder Bürgergesellschaft sind gegenwärtig diskutierte Ansätze, die auf lokale Allianzen und Pluralismus setzen. Nur auf diesem Wege ließe sich die für Bündnisse nötige breite lokale Akzeptanz befördern, die Bündnisse auf Dauer festigt. Ein Bündnis kann weder verordnet noch verwaltet werden. Ein Demokratisierungsprozess, der unter anderem durch partizipative Elemente gekennzeichnet ist, kann zugleich die Selbstverpflichtung der Akteure bedeutend stärken.

5 Fazit

Auch wenn kommunale Bündnisse, wie wir sie in Wuppertal und Essen vorfinden, der Ausrichtung betrieblicher Bündnisse nahe kommen, unterscheidet sie ein Wesentliches: Nur aus ersteren kann eine konsensuale Bindekraft für lokale Akteure aus allen gesellschaftlichen Bereichen erwachsen. Kommunale Bündnisse für Arbeit sind eine neue Handlungsplattform für die Zukunft der Arbeit in der Stadt. Sie können das „Sprungbrett“ bzw. das Dach für lokale Paktformationen und damit eine gute Voraussetzung für multilateral angelegte Interventionsstrategien im Bereich der Arbeitsmarkt- und Beschäftigungspolitik bilden und darüber hinaus die Verknüpfung mit weiteren Politikfeldern (Sozial-, Stadtentwicklungs-, Struktur- und Wirtschaftspolitik) herstellen. Dies belegen die Bündnisansätze von Hamm und Hamburg, die ihren Erfahrungs- und Experimentierradius bereits erweitert haben.

Grundsätzlich bestätigen die Befunde der vorliegenden Fallstudien damit, was Evers im Europäischen Vergleich feststellt: „...das Problem der Arbeitslosigkeit (wird, d. A.) angesichts seiner multiplen Facetten als Querschnittsaufgabe betrachtet und in einen Zusammenhang mit – in gewisser Weise – ganzheitlichen Entwicklungskonzepten zur Neugestaltung der lokalen Ökonomie gestellt; die Globalisierung (global/ lokal), verstanden als die lokale Antwortsuche auf (zumindest vordergründig) durch Globalisierung hervorgerufene Problemstellungen, wird so zu einer immer stärker an Bedeutung gewinnenden politischen Strategievariante“ (Evers 2002, S. 46). Prinzipiell wächst die Einsicht von Bündnisakteuren, vor allem jener mit breiter gefächerten Bündniserfahrungen, dass es künftig ohne Bündnisse nicht (mehr) gehen wird. Kommunale Akteure sind auf zusätzliche Problemlösungskompetenzen, einen Ressourcenabgleich und Synergieeffekte angewiesen, die sie vor dem Hintergrund der je lokalen Spezifika am ehesten in der Lage sind einzuschätzen.

Daher haben Netzwerke, Bündnisse oder Partnerschaften auf lokaler oder regionaler Ebene Konjunktur. Ihre Zunahme ist eine Antwort auf unzeitgemäße gesellschaftliche Strukturen und Organisationen, die in der gegenwärtigen Formation die erheblichen arbeitsmarkt- und beschäftigungs-, wirtschafts- und sozialpolitischen Krisenphänomene nicht mehr zu lösen vermögen. Kommunale Bündnisse sind dem Verständnis nach lokale Netzwerke, die neben den Sozialpartnern noch weitere lokale Partner einen (können) und das gemeinsame Ziel der Schaffung und Sicherung von Ausbildungs- und Arbeitsplätzen verfolgen. Ihre quantitative Zunahme korrespondiert dabei allerdings oft mit überhöhten Erwartungen insbesondere hinsichtlich schneller Erfolge. Daraus kann Ansporn aber auch Hindernis der Bündnisarbeit folgen.

Die Frage, ob kommunale Bündnisse als lokale Kriseninterventionsstrategien eine vorübergehende Erscheinung darstellen oder ob sie sich zu einem Zukunftsmodell als lokale Problemlösungsstrategie (weiter-)entwickeln werden, kann aufgrund der vorliegenden Ergebnisse noch wenig abgeschätzt werden. Angesichts der kaum zu erwartenden Entschärfung kommunaler finanz-, arbeitsmarkt- und beschäftigungs- sowie sozialpolitischer Problemlagen scheinen allerdings derartige Bündnisse verstanden als Solidarpakt und „Verbund“ aller verfügbaren lokalen/ regionalen gesellschaftlichen Kräfte wichtiger denn je. Das Zukunftsmodell steht – seine Zukunft gestalten jedoch die lokalen Akteure selbst.

Literatur

Birkhölzer, Karl/Lorenz, Günther/Schillat, Monika 2001: Lokale Partnerschaften zur Förderung sozialen Zusammenhalts. Verfahren und Instrumente erfolgreicher Partnerschaftsentwicklung. Berlin

Blancke, Susanne/Schmid, Josef/Roth, Christian 2000: Aktiv und koordiniert? Arbeitsmarktpolitik auf verschiedenen Ebenen. In: Sozialwissenschaftliche Informationen Heft 1/2000, S. 6-17

Büttner, Renate/Kirsch, Johannes 2002: Bündnisse für Arbeit im Betrieb. Edition der Hans Böckler Stiftung Nr. 61. Düsseldorf

Evers, Adalbert 2000: Kommunale Beschäftigungspolitik – Ziele, Organisations- und Kooperationsformen. In: Sozialwissenschaftliche Informationen, Heft 1/2000, S. 18-27

Evers, Adalbert 2001: Lokale Beschäftigungspolitik in Europa. In: Böckler zum Bündnis, Nr. 15/2001, S. 5

Evers, Adalbert 2003: Von Bündnispartnern und Geschäftspartnern. Internationale Befunde zur lokalen Kooperation bei der Förderung von Beschäftigung und sozialer Integration. In: Kißler, Leo/Wiechmann, Elke (Hrsg.) 2003: Die Zukunft der Arbeit in den Städten. Kommunale Bündnisse für Arbeit aus Akteurs- und Forschungssicht. Baden-Baden, S. 109-129

Evers, Adalbert/Schulze-Böing, Matthias 1999: Öffnung und Grenzen. Wandel und Herausforderungen lokaler Beschäftigungspolitik. In: Zeitschrift für Sozialreform, Heft 11, 12/1999, S. 940-960

Evers, Adalbert/Koob, Dirk 2002: Arbeitsmarkt- und beschäftigungspolitische Innovationen in Europa. Potentiale und Grenzen dezentraler Kooperationsansätze. In: Arbeit und Sozialpolitik, Heft 3, 4/2002, S. 45-58

Gerlach, Frank 2000: Bündnisse für Arbeit auf lokaler und regionaler Ebene – ein neuer Ansatz. In: punkt 1+2/2000, S. 2 ff.

Gerlach, Frank/Ziegler, Astrid 2000: Territoriale Beschäftigungspakte in Deutschland – ein neuer beschäftigungspolitischer Ansatz. In: WSI Mitteilungen, Heft 7/2000, S. 430-437

Greifenstein, Ralph 2003: Forschungskommentar zum kommunalen Bündnis für Arbeit in Essen. In: Kißler, Leo/Wiechmann, Elke (Hrsg.) 2003: Die Zukunft der Arbeit in den Städten. Kommunale Bündnisse für Arbeit aus Akteurs- und Forschungssicht. Baden-Baden, S. 39-46

Henckel, Dietrich/Eberling, Matthias/Grabow, Busso 1999: Zukunft der Arbeit in der Stadt. Schriften des Deutschen Instituts für Urbanistik Band 92. Stuttgart, Berlin, Köln

Hild, Paul 1997: Netzwerke der lokalen Arbeitsmarktpolitik. Steuerungsprobleme in theoretischer und empirischer Sicht. Berlin

Kißler, Leo/Greifenstein, Ralph/Wiechmann, Elke 2002: Kommunale Bündnisse für Arbeit – ehrgeizige Vorhaben mit eingeschränkten Handlungschancen. In: WSI-Mitteilungen, Heft 4/2002, S. 238-243

Kißler, Leo/Wiechmann, Elke (Hrsg.) 2003: Die Zukunft der Arbeit in den Städten. Kommunale Bündnisse für Arbeit aus Akteurs- und Forschungssicht. Baden-Baden

Kißler, Leo 2003: Die kommunalen Bündnisse für Arbeit im Urteil der Beschäftigten. In: Kißler, Leo/Wiechmann, Elke (Hrsg.) 2003: Die Zukunft der Arbeit in den Städten. Kommunale Bündnisse für Arbeit aus Akteurs- und Forschungssicht. Baden-Baden, S. 73-91

Klenk, Tanja/Nullmeier, Frank 2003: Public Governance als Reformstrategie. Edition der Hans Böckler Stiftung. Nr. 97

Maliszewski, Bärbel/Neumann, Godehard 2003: Bündnisse für Arbeit – Best Practice aus Ländern und Regionen. Edition der Hans Böckler Stiftung Nr. 85. Düsseldorf

Neumann, Godehard 2000: Bündnisse für Arbeit in Deutschland – ein Überblick. In: WSI-Mitteilungen, Heft 7/2000, S. 419-429

Oppen, Maria/Straßheim, Holger 2003: Netzwerke der lokalen Beschäftigungspolitik – Strukturen, Lebenszyklen und Steuerungsprobleme. In: Kißler, Leo/Wiechmann, Elke (Hrsg.): Die Zukunft der Arbeit in den Städten. Kommunale Bündnisse für Arbeit aus Akteurs- und Forschungssicht. Baden-Baden, S. 131-153

Oppen, Maria/Straßheim, Holger 2002: Partnerschaften und Netzwerke in der kommunalen Beschäftigungsförderung. In: Bertelsmann Stiftung, Hans Böckler Stiftung, KGSt (Hrsg.) 2002: Netzwerk Kommunen der Zukunft. Lokale Beschäftigungsförderung – Aufgabe der Kommune. Bausteine guter Praxis. Band 14-3, S. 8-11

Pfarr, Heide/Vogelheim, Elisabeth 2002: Zur Chancengleichheit von Frauen und Männern im Bündnis für Arbeit, Ausbildung und Wettbewerbsfähigkeit. Edition der Hans Böckler Stiftung Nr. 80. Düsseldorf

Radloff, Rainer 2002: Zwischen Aktion und Resignation – Steuerung der Beschäftigungsförderung. In: Bertelsmann Stiftung, Hans Böckler Stiftung, KGSt (Hrsg.) 2002: Netzwerk Kommunen der Zukunft. Lokale Beschäftigungsförderung – Aufgabe der Kommune. Bausteine guter Praxis. Band 14-1, S. 15-24

Roberg, Marie-Luise 2002: Steuerung der kommunalen Beschäftigungsförderung. In: Bertelsmann Stiftung, Hans Böckler Stiftung, KGSt (Hrsg.) 2002: Netzwerk Kommunen der Zukunft. Lokale Beschäftigungsförderung – Aufgabe der Kommune. Bausteine guter Praxis. Band 14-1, S. 25-31

Seifert, Hartmut 2000: Betriebliche Bündnisse für Arbeit – Ein neuer beschäftigungspolitischer Ansatz. In: WSI-Mitteilungen, Heft 7/2000, S. 437-443

Seifert, Hartmut (Hrsg.) 2002: Betriebliche Bündnisse für Arbeit. Rahmenbedingungen – Praxiserfahrungen – Zukunftsperspektiven. Forschung aus der Hans Böckler Stiftung Nr. 36. Berlin

Schulze-Böing, Matthias/Johrendt, Norbert (Hrsg.) 1994: Wirkungen lokaler Beschäftigungsprogramme. Methoden, Instrumente und Ergebnisse der Evaluation kommunaler Arbeitsmarktpolitik. Basel, Bosten, Berlin

Streeck, Wolfgang/Heinze, Rolf G. 1999: Runderneuerung des deutschen Modells. Aufbruch für mehr Jobs. In: Arlt, Hans-Jürgen/Nehls, Sabine (Hrsg.) 1999: Bündnis für Arbeit. Konstruktion – Kritik – Karriere. Opladen/ Wiesbaden, S. 147-166

Streeck, Wolfgang/Heinze, Rolf G. 2000: Wende am Arbeitsmarkt durch Erneuerung des „deutschen Modells". In: SOWI, Heft 1/2000, S. 28-38

Wiechmann, Elke/Kißler, Leo 2000: Pionierarbeit – Kommunales Bündnis für Arbeit. In: Die Mitbestimmung, 4/2000, S. 58 f.

Wiechmann, Elke 2003: Forschungskommentar zum kommunalen Bündnis für Arbeit in Wuppertal. (Ein)Blick in den Maßnahmenkatalog kommunaler Bündnisse. In: Kißler, Leo/Wiechmann, Elke (Hrsg.) 2003: Die Zukunft der Arbeit in den Städten. Kommunale Bündnisse für Arbeit aus Akteurs- und Forschungssicht. Baden-Baden, S. 63-71

Wolf, Michael 1999: Arbeitsmarktpolitik in der Kommune. Probleme der Handlungsrationalität von Arbeitsmarktakteuren. In: Soziale Arbeit, 48. Jg., Heft 5, S. 145-151

Ziegler, Astrid 1997: Lokale und regionale Beschäftigungspakte in Europa. In: WSI-Mitteilungen, Heft 9, S. 617-623

II Frankreich

Territorialisierung der Beschäftigungspolitik: Welche Bedeutung soll den lokalen Akteuren zukommen?

Thierry Berthet

1 Beschäftigungspolitik und ihre räumliche Verankerung: Entwicklung und Akteursystem

Zunächst lässt sich auf dem Gebiet der Beschäftigungspolitik in den vergangenen beiden Jahrzehnten eine Vielzahl unterschiedlicher Motive für Interventionen seitens der nationalen Ebene feststellen:

- Maßnahmen zur Förderung von beruflicher Umschulung, die 1963 mit der Errichtung des nationalen Beschäftigungsfonds (Fonds national de l'emploi/ FNE) den Beginn der modernen Beschäftigungspolitik markieren;
- die seit Mitte der 70er Jahre betriebene Arbeitsmarktpolitik, um die sozialen Folgen des Ansteigens der Massenarbeitslosigkeit abzumildern;
- schließlich greift die Arbeitsförderungspolitik seit Mitte der 80er Jahre das zu Beginn der 70er Jahre aufkommende Interesse an der lokalen Entwicklung auf dem Gebiet der Beschäftigung auf.

Vereinfacht gesagt lassen die drei genannten Abschnitte in der Entwicklungsgeschichte der Beschäftigungspolitik drei äußerst verschiedene Konzeptionen der Beziehungen zwischen Maßnahmen für bestimmte Zielgruppen sowie Maßnahmen für ein räumlich abgegrenztes Gebiet erkennen:

- Die Politik der Abfederung von wirtschaftlicher Umstrukturierungen hat Auswirkungen auf einen bestimmten Raum vermittels der anvisierten Zielgruppen;
- die Förderpolitik zur lokalen Entwicklung erreicht bestimmte Zielgruppen vermittels ihrer Bezogenheit auf einen bestimmten Raum;
- die arbeitsmarktpolitischen Maßnahmen zielen in erster Linie auf bestimmte Zielgruppen ab und haben nur indirekt Auswirkungen auf einen abgegrenzten Raum.

Chronologie der Einbeziehung der territorialen Dimension in die Beschäftigungspolitik

Vor dem Hintergrund dieser Gesamtübersicht über die Beschäftigungspolitiken und ihres jeweiligen Entwicklungskontextes, kommen wir auf die einzelnen Zeitabschnitte zurück, innerhalb derer sich die Einbeziehung der territorialen Dimension in die beschäftigungspolitischen Maßnahmen der Akteure vollzogen hat.

Zu Beginn der 80er Jahre beruht die territoriale Dimension der Beschäftigungspolitik weitgehend auf zielgruppenspezifischen Maßnahmen. So wird beispielsweise ein Netz von lokalen Anlaufstellen (*missions locales*) errichtet, an die sich (arbeitsuchende) Jugendliche wenden können. Innerhalb dieses Zeitraums wendet sich die Aufmerksamkeit im Zusammenhang mit den industriellen Umstrukturierungen auch den Krisenregionen zu. In diesen Zeitabschnitt zu Beginn der 80er Jahre fällt ebenso, wie im weiteren Verlauf dargelegt wird, der Aufbau der öffentlichen Arbeitsvermittlung.

Die Versuche, auf lokaler Ebene begleitende Maßnahmen zu den makroökonomischen Eingriffen einzuleiten, rufen im Arbeitsministerium ein echtes, wenn auch nur geringes Interesse hervor. Das Interesse für die lokale Entwicklung wirkt sich in der Schaffung einer spezifischen Stelle für Beschäftigungsförderung aus, die seit 1981 in der Abteilung für Beschäftigung des Arbeitsministeriums angesiedelt ist.

Eine schlichte Erkenntnis führt in der zweiten Hälfte der 80er Jahre zur Idee der „Globalisierung“: Im Laufe der Jahre haben sich die Maßnahmen zur Bekämpfung der Langzeitarbeitslosigkeit derart vervielfacht, dass es teilweise zu Redundanzen kam. Diese Vielfalt an Maßnahmen erschwerte ihre Umsetzung und ließ die Beschäftigungspolitik als wenig transparent erscheinen. Aus diesem Grund wurde sie 1989 rationalisiert: die Anzahl der Maßnahmen wurde begrenzt, ihre Durchführung dekonzentriert, indem die unterschiedlichen Interventionsebenen neu definiert wurden, und ihre Finanzierung wurde globalisiert. Dennoch handelt es sich lediglich um einen Teilversuch: Er betraf nur 10 Prozent der zur Verfügung stehenden Budgetmittel. Grund dafür war vor allem die zögerliche Haltung des Finanzministeriums. Während dieser Periode setzen sich zunehmend zwei äußerst verschiedene Konzeptionen hinsichtlich der Beziehung zur räumlichen Dimension von Beschäftigungspolitik durch, die grundlegend verschiedenen Logiken folgen: eine zentrale und dominante Logik (Eingriff auf dem Arbeitsmarkt), eine periphere und marginale Logik (Förderung der lokalen

Entwicklung). Im ersten Fall setzt der Staat eine auf zentraler Ebene erarbeitete und gelenkte Politik um (top down-Logik), im zweiten berücksichtigen die örtlichen Behörden die von lokalen Akteuren getragenen beschäftigungsfördernden Projekte (bottom up-Logik).

Mit der erneuten Verschlechterung der Arbeitsmarktsituation und dem massiven Anstieg der Langzeitarbeitslosigkeit seit 1991 setzt sich die erste Logik durch, so dass die einheitliche Behandlung einer hohen Zahl von Fällen im Rahmen einer nationalen, zentral gesteuerten Politik Vorrang erhält. Nach 1993 wird der „Globalisierung" keine Priorität mehr eingeräumt. Dennoch passt das Arbeitsministerium innerhalb desselben Zeitraums seine Unterbehörden den neuen Herausforderungen der Dezentralisierung an. Die Schaffung der Departementsdirektion für Arbeit, Beschäftigung und Berufsbildung (Direction départementale du travail, de l'emploi et de la formation professionnelle/DDTEFP) (1993) sowie anschließend die der Regionaldirektion für Arbeit, Beschäftigung und Berufsbildung (Direction régionale du travail, de l'emploi et de la formation professionnelle/DRTEFP), welche aus der Zusammenlegung von DRFP und DRTE (1995) hervorgegangen sind, waren keineswegs selbstverständlich: die jeweiligen Berufskulturen – Projektkultur vs. Verwaltungskultur, – riefen Spannungen hervor, die durch das Ausmaß des CFI-Programms des individualisierten Ausbildungskredits (Crédit formation individualisé/CFI) noch verschärft wurden. Dies war bis 1993 eines der am stärksten territorialisierten Programme im Bereich der aktiven Beschäftigungspolitiken (zusammen mit der Staatlichen Beihilfe zur beruflichen Eingliederung, die ein Mindesteinkommen garantiert (Revenu minimum d'insertion/RMI), und dies im Bereich der dezentralisierten Kompetenzen bei den General- und Regionalräten).

Ab 1996/1997 bringt das Arbeitsministerium in sechs Regionen[1] versuchsweise einen Prozess der Dekonzentrierung-Globalisierung auf den Weg, der sieben beschäftigungspolitische Maßnahmen betrifft. Die Wiederbelebung der Dekonzentrierung-Globalisierung 1996/1997 scheint eine Antwort auf Vorschläge zu sein, die auf eine Dezentralisierung der Beschäftigungspolitik auf regionaler Ebene gemäß dem Modell der bereits dezentralisierten Berufsausbildungspolitik abzielen. Diese Vorschläge fanden sich vor allem in einem Parlamentsbericht von 1995 über Maßnahmen zur Beschäftigungsförderung[2]. Der Übergang von der Globalisierung der Maßnahmen zur Territorialisierung der

1 Auvergne, Bretagne, Poitou-Charentes, Limousin, Lothringen, Nord-Pas de Calais

2 Es handelt sich hierbei um den Bericht einer Enquête-Kommission über beschäftigungsfördernde Maßnahmen, der am 27 Juni von dem Abgeordneten Hervé Novelli eingebracht wurde. Michel Péricard war Präsident dieser Kommission.

Politik hat sich jedoch nicht schlagartig vollzogen. Anfangs erfolgte dieser Prozess noch nach einer budgetären und administrativen „Rationalisierungslogik“: Die ersten Runderlasse waren mehr der Logik einer dezentralisierten Verwaltung als einer Dynamik, die auf einer Ermittlung der Bedürfnisse vor Ort und einem lokalen Aktionsplan gründet. Ab 1999 wird eine zusätzliche Etappe zur Vertiefung der Territorialisierung unternommen, indem der Interventionsbereich auf weitere Bereiche, Zielgruppen, sowie staatliche Partner ausgedehnt wird, insbesondere auf dem Gebiet der Sozialpolitik.

Die öffentliche Arbeitsvermittlung im Mittelpunkt einer territorialisierten Beschäftigungspolitik

Die Frage nach der Einbeziehung der territorialen Dimension in die französische Beschäftigungspolitik in den vergangenen beiden Jahrzehnten lässt sich auch von dem Standpunkt der Entwicklung der öffentlichen Arbeitsmittlung (ÖAV) aus betrachten.

Entwicklung der ÖAV

Ein Runderlass der Délégation pour l’Emploi aus dem Jahre 1984 bildet die Grundlage für die Organisation der ÖAV. Der Aufbau der ÖAV soll die Aktivitäten des Arbeitsministeriums, des Arbeitsamtes (Agence nationale pour l’emploi/ANPE) und der Vereinigung zur beruflichen Bildung Erwachsener/AFPA) miteinander in Einklang bringen sowie die Einbeziehung der Sozialpartner und der Abgeordneten der Regional- und Kommunalparlamente gewährleisten. Der Runderlass äußert sich deutlich zu diesem Thema: „(Die ÖAV hat zur Aufgabe; Anm. des Übersetzers), Synergieeffekte zwischen den betroffenen Einrichtungen zu fördern und nicht etwa die statische Addition ihrer Potenziale, gleichzeitig soll sie zu einer größeren Öffnung gegenüber anderen öffentlichen oder privaten Ansprechpartnern führen (...). Zur Gewährleistung ihrer Wirksamkeit müssen ebenfalls die natürlichen Gesprächspartner, das heißt die Vertreter der regionalen Parlamente und die Sozialpartner, in die Tätigkeit der ÖAV eingebunden werden.“[3]

Für die Mitglieder des „harten Kerns“ der ÖAV ist die der Partnerschaft eigene Qualität auf regionaler Ebene ein Garant für die Kohärenz und Wirksamkeit

3 Runderlass DE n° 11/84: Errichtung der öffentlichen Arbeitsvermittlung

der Umsetzung der Beschäftigungspolitik. Dennoch bedeutet diese Kohärenz des öffentlichen Eingriffs noch nicht, dass die geäußerten Interessen einheitlich sein müssen. Die aus dem Globalisierungs-Territorialisierungsprozess hervorgegangene Herausforderung der ÖAV besteht vielmehr darin, die jeweiligen Interessen aufeinander abzustimmen, als die Aktionslogiken zu vereinheitlichen. Folglich beruht diese Kohärenz auf einer Organisationslogik, nicht jedoch auf einer institutionellen Integration.

Bildhaft dargestellt besteht die ÖAV aus einer Reihe konzentrischer Kreise, in deren Mitte sich die Akteure des „harten Kerns" befinden. Den zweiten Kreis bilden seit dem Gesetz zur Bekämpfung von sozialer Ausgrenzung die im Rahmen der ÖAV-Erweiterung von 1999 hinzugezogenen Akteure Regionaldirektion für Gesundheits- und Sozialwesen (Direction régionale de l'assistance sanitaire et sociale/DRASS, Délégations régionales aux droits des femmes et à l'égalité/DRDFE) bis hin zur fallweisen Einbeziehung je nach Regionen von eingeladenen Akteuren des Vereins zur Verwaltung des Entwicklungsfonds zur beruflichen Eingliederung Behinderter (Association de gestion de fonds de développement pour l'insertion professionnelle des handicapés/AGEFIPH, missions locales, Gebietskörperschaften, etc.). Schließlich ist anzumerken, dass die Einbeziehung der Gebietskörperschaften sowie der Sozialpartner auf regionaler Ebene trotz Empfehlung des Generalausschusses für Beschäftigung und Berufsbildung (Délégation générale à l'emploi et la formation professionnelle/DGEFP)[4] eine Ausnahme bleibt.

Berufskulturen versus institutionelle Logik

In der Funktionsweise der ÖAV sind in den letzten beiden Jahrzehnten die Unterschiede zwischen Berufskulturen und institutioneller Logik als strukturierendes Element deutlich hervorgetreten.

Berichte aus der Zeit der Startphase der ÖAV zu Beginn der 80er Jahre lassen auf wiederholt auftretende Spannungen zwischen den Teilstrukturen der ÖAV schließen, die von den unterschiedlichen institutionellen Praktiken herrühren. So geschah die Einrichtung der *Missions locales* nicht ohne Konflikte mit den bereits vor Ort existierenden Akteuren der ÖAV. Die Umsetzung des individualisierten Bildungskredits hat die Komplexität der interinstitutionellen Beziehungen innerhalb der ÖAV erhöht: Grund dafür ist die Entwicklung der Außen-

4 Runderlass DGEFP 99/24 vom 24. Mai 1999 und Runderlass DGEFP 99/37 vom 30. November 1999.

dienststellen des Ministeriums unterhalb der regionalen Ebene, deren Funktion von Anfang an auf die Animation und Ausführung der Maßnahmen ausgerichtet war.

Die Dezentralisierung von 1993 trifft die ÖAV zu einer Zeit, als sie angesichts einer steigenden Bedeutung der Gebietskörperschaft „Region" vor allem unter einem Koordinationsdefizit leidet. Der Bedeutungszuwachs der Region ist je nach Region unterschiedlich stark ausgeprägt und hängt von dem Willen ab, die seit 1. Juli 1994 auf die Regionen grundsätzlich übertragbaren Kompetenzen sofort und vollständig zu übernehmen oder nicht. Aber das Ereignis, welches wohl am deutlichsten diese unterschiedlichen institutionellen Logiken symbolisiert, ist die Fusion von DRTE und DRFP. In den durchgeführten Interviews war immer wieder die Rede von der Konfrontation zwischen einerseits einer mit hohem und flexibel einsetzbarem Budget ausgestatteten Auftragsverwaltung, die direkt dem Präfekten untersteht und über ein Netz von Akteuren, die unterhalb der Departementsebene tätig sind, verfügt, und andererseits einer Leistungsverwaltung, die sowohl starken als auch unbestimmten Abhängigkeitsstrukturen unterworfen ist.

Die Fusion dieser beiden regionalen Verwaltungen im Anschluss an die Schaffung der DDTEFP und als Reaktion auf das Fünfjahresgesetz für Beschäftigung und Ausbildung von 1993 hat die seit langem zwischen Beschäftigung und Ausbildung bestehenden Spannungen sichtbar werden lassen. Als weitere Konsequenz dieser Fusion wirft die zukünftige Entwicklung der Koordinatoren der einzelnen CFI-Geltungsbereiche anlässlich ihrer Wiedereingliederung in die DDTEFP als Koordinatoren für Beschäftigung und Ausbildung die Frage nach der Territorialität auf. In dieser Angelegenheit gehen die Bewertungen auseinander: die einen sprechen davon, dass die Arbeitsverwaltung die Koordinatoren unter manchmal konfliktreichen Bedingungen „wieder an die Leine legt" und ihnen ihre Einwirkungsmöglichkeiten unterhalb der Departementsebene wegnimmt. Andere sprechen davon, dass die staatliche Arbeitsverwaltung sich einen neuen Zugang zur territorialen Dimension ihres Wirkens zu eigen gemacht hat.

In der jüngsten Vergangenheit hat die auf die Umsetzung der Globalisierung und später der Territorialisierung folgende Verstärkung der ÖAV diese Unterschiede nicht beseitigt. In den Befragungen wird regelmäßig die Bedeutung der unterschiedlichen Berufskulturen hervorgehoben, um die Koordinationsschwierigkeiten der ÖAV-Stellen zu erklären. Eine Analyse, die über die Wechselwirkungen zwischen Berufskultur und institutioneller Logik hinausgeht, erfordert wahrscheinlich die Einbeziehung der Organisationsstruktur des Ministeriums sowie der ihm unterstehenden Dienststellen.

Das Problem der territorialen Strukturierung der beschäftigungspolitischen Akteure

Nach der Betrachtung der Struktur der Akteurssysteme sowie der Handlungslogiken erscheint es nun notwendig, denjenigen Fragen nachzugehen, welche der Aufbau der ÖAV-Institutionen insbesondere in seiner territorialen Dimension aufwirft.

Zu Beginn der 80er Jahre ist die ANPE bereits auf drei Ebenen präsent, das heißt auf regionaler, departementaler und lokaler Ebene, während die Organisationsstruktur des Ministeriums nicht über die departementale Ebene hinausgeht. Unseren Interviewpartnern bei der ANPE zufolge ist diese frühe Territorialisierung den Ausübungsbedingungen des Berufes selbst geschuldet: dieser gründet sich auf die Nähe zu den Arbeitsuchenden und zu den Arbeitgebern. 1995 wird diese territoriale Gliederung mit der Abschaffung der Departementsdirektionen zugunsten der Regionaldirektionen umstrukturiert. Diese neue Strukturierung, die einer Verbindung zwischen lokaler und regionaler Ebene Vorrang einräumt, führt zu einer Annäherung zwischen ANPE und AFPA.

Die Situation in den dekonzentrierten Dienststellen des Ministeriums unterscheidet sich davon. Während die Departementebene zu Beginn unseres zeitlichen Bezugsrahmens der kleinste territoriale Nenner des Arbeitsministeriums ist, engagiert es sich unterhalb der Departementebene durch die Schaffung der CFI-Geltungsbereiche und das Eingreifen der Koordinatoren in den Comités locaux emploi-formation[5].

Somit ist eine Art Entsynchronisierung innerhalb der territorialen Gliederung der drei Pfeiler der ÖAV[6] festzustellen, wodurch der Aufbau der verschiedenen Ebenen und der konkreten Arbeit auf lokalem Niveau erschwert wird. Ganz offensichtlich konzentrieren sich diese Schwierigkeiten auf der Ebene des Departement, was sich gegenwärtig am Beispiel der lokalen Bedarfserhebung und des lokalen Aktionsplans zeigen lässt. Das Engagement der lokalen Akteure ist stark, wenn auch nicht einheitlich[7]. Die Regionaldirektionen sind mit der Koordi-

5 Lokale Ausschüsse für Beschäftigung und Ausbildung

6 Hinsichtlich der sozialen Angelegenheiten handelt es sich um eine Sondersituation, da deren territoriale Gliederung nicht unter die Ebene des Departements reicht.

7 Die häufige Demotivierung, die in den Befragungen festgestellt werden konnte, bringt die Intensität des Engagements zum Ausdruck.

nations- und Betreuungsarbeit stark beschäftigt, wohingegen die strategische Dimension auf Departementsebene am geringsten ausgeprägt zu sein scheint.

Allerdings ist es notwendig, über die reine Organisationsdimension hinaus das mehr politische Problem der Machtverteilung in diesen verschiedenen Behörden anzusprechen, insofern dies direkte Auswirkungen auf die Koordinationsarbeit der ÖAV hat.

Tatsächlich setzt sich die Entsynchronisierung der territorialen Gliederung der ÖAV-Institutionen in einer deutlichen Differenzierung der internen Machtstrukturen der Behörden und ganz allgemein in der territorialen Koordination der Beschäftigungspolitiken fort.

Obwohl formal dem Arbeitsministerium unterstellt, scheint die ANPE über einen relativ bedeutenden Handlungsspielraum zu verfügen. Die hierarchische Struktur ist ausgesprochen vertikal, so dass Generaldirektion und örtliche Arbeitsämter durch eine lineare Hierarchiekette miteinander verbunden sind.

Aus der Sicht des Arbeitsministeriums ist die Beantwortung der Frage nach der Machtverteilung keineswegs eindeutig. Die Anbindung der Außenstellen des Ministeriums an die zwei Ebenen der Präfektoralverwaltung[8] (Departement und Region), sowie das Fehlen einer klaren Hierarchie zwischen beiden Ebenen führt dazu, dass sich zuweilen ein wenig transparentes Machtgefüge herausbildet, das je nach Region und verantwortlichen Personen unterschiedlich ausgeprägt ist.

Diese eklatante Asymmetrie in der Machtstruktur zwischen den Außenstellen des Ministeriums und der ANPE trifft mit der bereits erwähnten territorialen Entsynchronisierung zusammen: diese Struktur verschafft den DDTEFP einen Handlungsspielraum, den diese aus den Kompetenzstreitigkeiten der zuständigen Verwaltungen gewinnen, wohingegen diese Ebene für die ANPE ohne Bedeutung ist.

Ferner entspricht der Aufbau der AFPA einer Territorial- und Organisationslogik, die sich von derjenigen der ANPE dahingehend unterscheidet, dass sie insbesondere bemüht ist, Vorgaben auf nationaler Ebene umzusetzen.

Auf lokaler Ebene tragen die Mitarbeiter des Ministeriums aufgrund Fluktuationen im Management des Koordinatorennetzes zur Benachteiligung des Ministeriums gegenüber ANPE und AFPA bei, die auf dieser Ebene fest verankert und strukturiert sind, sowie regelmäßig verstärkt werden.

8 In jedem der 96 französischen Departements repräsentiert der von Paris ernannte Präfekt als höchster Beamter den Staat. In den 22 Regionen, die in der Regel aus 2 bis 4 Departements bestehen, repräsentiert ebenfalls ein Präfekt den Staat. Die Präfekten sind ausführende Organe der Pariser Ministerialverwaltung auf subnationaler Ebene. (Anmerkung der Herausgeber)

Ein letztes Element ist auf die Schwierigkeiten zurückzuführen, welche diese Instabilität in der hierarchischen Kette des Ministeriums im Falle von Kontakten außerhalb der Arbeitsverwaltung hervorrufen. Die Rede ist von der Beziehung zu den gewählten Vertretern der Gebietskörperschaften, die sich in einer von Konkurrenz um Legitimität geprägten Situation für die dekonzentrierten Behörden nachteilig auswirkt. Dennoch konnte die nach und nach erfolgende Umsetzung der Globalisierung und Territorialisierung die Legitimität dieser Außenstellen erhöhen.

Im Allgemeinen wird die Funktionsfähigkeit der öffentlichen Arbeitsvermittlung noch weitgehend von einer ganzen Reihe von Hindernissen eingeschränkt, die mit der territorialen und organisatorischen Abkopplung ihrer Institutionen zusammenhängen. Auch das Rundschreiben aus dem Jahr 1984, welches Versuche einer weitergehenden Integration vorsah, konnte an dieser Situation nichts ändern. Vor dem Hintergrund dieser heterogenen Organisation der mit der Umsetzung der nationalen Beschäftigungspolitiken betrauten Behörden war die Tätigkeit der ÖAV im Großen und Ganzen seit zwei Jahrzehnten und bis hin zur jüngsten Globalisierungs-/Territorialisierungsetappe mehr von einem Nebeneinander der Regelungen oder von verschiedenartigen Kohabitationsmodalitäten gekennzeichnet als von einer wahrhaftigen Koordination der Behörden. Dieser problematische Zustand wirft schließlich die Frage nach der Steuerung der staatlichen Aktivitäten zur Beschäftigungsförderung auf. Vor dem soziopolitischen Hintergrund Frankreichs muss jede territorialisierte Beschäftigungspolitik Überlegungen hinsichtlich ihrer Legitimität sowie ihrer Begründung auf staatlicher Autorität einschließen. Diese Legitimität, die die Akteure der Beschäftigungspolitik genießen müssen, ist unerlässlich, sofern diese Politik über die einfache Berücksichtigung lokaler Besonderheiten hinaus auf die Gewährleistung des sozialen Zusammenhalts sowie auf gleiche Zugangsmöglichkeiten zur Beschäftigung abzielt.

2 Der Staat, die Gebietskörperschaften und das Territorium

Der zweite Teil behandelt die Beziehung zwischen Staat und Gebietskörperschaften hinsichtlich der Durchführung der Beschäftigungspolitiken sowie der Bedingungen zur legitimen Intervention der französischen Kommunen im Beschäftigungsbereich.

Die Rolle des Staates und der Gebietskörperschaften

Ein unantastbares Prinzip: Der Staat zeichnet verantwortlich für die Beschäftigungspolitik

In zentralisierten politischen Systemen ist die von den institutionellen Kompetenzen ausgehende Betrachtungsweise weniger üblich als in einem föderalen Staat. Dennoch ist es von Bedeutung, die beschäftigungspolitischen Verantwortlichkeiten und die Art und Weise ihrer Entwicklung genau zu verorten, da die Territorialisierung auf ein französisches System prallt, dessen Aufbau einer doppelten Logik – der ressortspezifischen und der vertikalen – folgt.

Zuallererst muss in Erinnerung gerufen werden, dass die Beschäftigungspolitik in die Verantwortung des Zentralstaats fällt. Selbst die Gesetze zur Dezentralisierung vor 20 Jahren bestätigten dieses Prinzip. So weisen Jacques Igalens und Christine Vicens auf das Gesetz von 82, Abs. 5 hin, welches besagt, dass „der Staat die Verantwortung für die Durchführung der Wirtschafts- uns Sozialpolitik, sowie der Beschäftigungssicherung innehat"[9]. Aus dieser Richtlinienkompetenz geht hervor, dass die Zentralverwaltung des Arbeitsministeriums die Verantwortung für die Formulierung, Umsetzung, Finanzierung und Evaluierung der Beschäftigungspolitik trägt. Das bedeutet vor allem, dass die Festlegung der Maßnahmen zur Bekämpfung der Arbeitslosigkeit in den Aufgabenbereich der Arbeitsmarktverwaltung fällt. Es wird weiterhin davon ausgegangen, dass genau diese Verwaltung sowie insbesondere deren dekonzentrierte Außenstellen für die direkte Umsetzung dieser Politik oder zumindest deren Steuerung zuständig sind (die operationellen Dienste des Ministeriums auf subnationaler Ebene umfassen 9.200 der insgesamt 10.500 Bediensteten). Schließlich bedeutet dies, dass die öffentlichen Finanzmittel wenig territorialisiert sind, da ein Großteil zwischen Staat und französische Arbeitslosenversicherung (Union nationale pour l'emploi dans l'industrie et le commerce/UNEDIC) aufgeteilt ist. Deshalb leisten die Gebietskörperschaften nur einen sehr geringen Beitrag (1994 entsprach ihr Anteil 2 Prozent der nationalen Ausgaben).

Daraus geht deutlich hervor, dass der Staat institutionell für die Beschäftigungspolitik zuständig ist. Allerdings schließt dies nicht die Möglichkeit einer Teilnahme der Gebietskörperschaften an dieser Politik oder die Entwicklung eigener Interventionen aus.

9 J. Igalens und C. Vicens, Liaison entre budget municipal et emploi, Rapport pour le Plan Urbain, Programme Ville et emploi, 1998.

Lokale Initiativen im Bereich der Beschäftigungspolitik

In der Tat sind die lokalen Akteure trotz der grundsätzlichen Zuständigkeit der Staatsverwaltung auf dem Gebiet der beschäftigungspolitischen Interventionen präsent.

Ohne näher auf den Inhalt der Interventionen einzugehen, muss festgestellt werden, dass die Gebietskörperschaften und insbesondere die Kommunen häufig auf dem Gebiet der Beschäftigungspolitik aktiv sind. Allerdings variieren die Modalitäten dieser Interventionen in Intensität und Inhalt. So hat die Einbeziehung der lokalen Gebietskörperschaften beispielsweise zur Einrichtung einer bedeutenden Anzahl von Strukturen geführt, die auf dem Feld der Integrationsförderung durch wirtschaftliche Aktivitäten lokale Pläne für Eingliederung und Beschäftigung (Plans locaux pour l'Insertion et l'Emploi/PLIE, Arbeitgeberzusammenschlüsse für Eingliederung und Qualifikation (Groupements d'employeurs pour l'insertion et la qualification/GEIQ), Comités de bassin d'emploi/CBE, die Klausel „mieux disant social[10]" bei der Vergabe öffentlicher Aufträge) oder der sozialen und beruflichen Eingliederung (*missions locales*, kommunale Vermittlungsdienste, etc.) tätig sind. Es muss auch daran erinnert werden, dass die kommunalen Stellenvermittlungsdienste oftmals die Vorläufer der lokalen Arbeitsämter der ANPE waren. Diese frühe Einbeziehung der Kommunen lebt weiter in deren engen Beziehungen mit den lokalen Arbeitsämtern, sowie der Einbeziehung der kommunalen Ämter für Sozialwesen (Centres communaux d'action sociale/CCAS) in die Arbeitsbeschaffung der von ihnen betreuten Personen[11] fort.

Allerdings gibt es neben den Kommunen weitere Gebietskörperschaften, die in der Beschäftigungspolitik aktiv sind: auch die Regional- und Generalräte intervenieren auf verschiedenen Ebenen. Aufgrund ihrer jeweiligen Kompetenzen im Bereich der beruflichen Bildung (ein Hauptbestandteil der aktiven Beschäftigungspolitik) sowie im Rahmen der Sozialpolitik (insbesondere durch die departementale Eingliederungspläne (Plans départementaux d'insertion/PDI) sind sie dazu angehalten. Ihre finanziellen Interventionen tätigen sie im Rahmen der Kontraktualisierungspolitik, darunter insbesondere der Beschäftigungskomponente der Planverträge zwischen Staat und Regionen (Contrats de plan Etat-

10 Die Klausel ermöglicht es den Gebietskörperschaften bei der Vergabe öffentlicher Aufträge Unternehmen, die ein integrations- und beschäftigungsförderndes Angebot abgeben, den Vorrang zu geben.

11 L. Dubouchet, L'influence du contexte territorial sur les pratiques d'externalisation du SPE, Rapport CGP dans le cadre de l'évaluation du recours aux opérateurs externes dans la politique active de l'emploi, S. 60

région/CPER). Darüber hinaus können sie gelegentlich tätig werden, um territorial begrenzte Maßnahmen zur Bekämpfung der Arbeitslosigkeit zu unterstützen. Ein Beispiel dafür ist der Territorialpakt der Region Provence-Alpes-Côte d'Azur (PACA), der auf die Initiative des Regionalrats zurückgeht. Schließlich sind sie in gleicher Weise wie die Gemeinderäte im Rahmen der verschiedenen „gestützten" das heißt lohnsubventionierten Arbeitsverträge, die im Sektor der non profit-Unternehmen abgeschlossen werden, als Beschäftigungsreservoir tätig.

Kann man von lokalen Beschäftigungspolitiken sprechen?

Diese Frage verweist auf die Frage nach den Entstehungsbedingungen eines von den Gebietskörperschaften initiierten öffentlichen Handelns auf einem Gebiet, das nicht in ihre Verantwortlichkeit fällt.

Wie lässt sich angesichts der ausschließlichen Kompetenz des Zentralstaates für Beschäftigungspolitik die Entstehung und die Verstärkung der Einbeziehung der Gebietskörperschaften in die Bekämpfung der Arbeitslosigkeit erklären?

Da sich diese Entwicklung nicht mit dem Vorliegen einer institutionellen Kompetenz erklären lässt, scheint eine Analyse unter dem Aspekt der Legitimität angebracht. Mangels ausdrücklicher legaler Zuständigkeit stellt sich die Frage, wodurch diese lokalen Beschäftigungsinitiativen legitimiert sind?

Die hier vertretene Hypothese geht davon aus, dass sich nach und nach ein Opportunitätsfenster geöffnet hat, das denjenigen Gebietskörperschaften die Legitimität für ihr Handeln verschafft, die sich in der Bekämpfung der Arbeitslosigkeit engagieren wollen. Denn offensichtlich intervenieren die Gebietskörperschaften auf diesem Gebiet mangels legaler Kompetenz nur auf eigene Initiative. Der Staat kann nicht umhin, Maßnahmen gegen die Arbeitslosigkeit zu ergreifen – den Gebietskörperschaften steht dies frei. Dieses Opportunitätsfenster wird durch eine Reihe von Faktoren abgestützt, die ihre Einbeziehung legitimieren. Zumindest sechs Erklärungsfaktoren lassen sich aufzeigen.

Die doppelte Neuausrichtung in der Sozialpolitik

Eine gewisse Analogie verbindet Beschäftigungspolitik und Einwanderungspolitik miteinander: beide haben sich während der 70er Jahre in ihrem Wirkungsbereich verschoben, bevor es im Laufe der 80er zu ihrer territorialen Neuausrichtung kam. Tatsächlich war die Beschäftigungspolitik bis zu den 70ern auf die Steuerung der Versorgung der Unternehmen mit Arbeitskräften ausgerichtet. Daher fällt sie in den Bereich der Wirtschaftspolitik. Die Wirtschaftskrise nach dem Ölschock 1973, sowie das praktisch unabwendbare Ansteigen der Arbeitslosigkeit bis Ende der 90er Jahre verändern die Wahrnehmung der Beschäftigung radikal und führen zu einer sozialpolitischen Neuausrichtung der Beschäftigungspolitik. Die zunehmende Bedeutung finanzieller Unterstützungsmechanismen sowie der steigende Einsatz sozialer Umverteilungsverfahren spielen eine entscheidende Rolle bei dieser Neuausrichtung. An diesen ersten Umschwung vom Wirtschaftlichen zum Sozialen schließt sich eine zweite Wende zu einer territorialen Dimension hin an. So kommt es insbesondere unter dem Einfluss der drei Bestandsaufnahmen von Schwartz, Bonnemaison und Dubedout zu einer Territorialisierung der Sozialpolitik. Die subnationale Ebene scheint für die Aufrechterhaltung des sozialen Bandes, welches der Wohlfahrtsstaat immer weniger zu gewährleisten vermag, geeignet zu sein. Diese Entwicklung wird schließlich durch die Dezentralisierungsgesetze institutionalisiert. Obgleich der Staat die Kompetenz in der Beschäftigungspolitik auch nach den Gesetzen von 1982 beibehält – wie übrigens auch in der Politik zur Integration von Einwanderern – bietet diese doppelte Neuausrichtung den lokalen Akteuren eine Legitimationsgrundlage für mögliche Aktivitäten zur Bekämpfung der Arbeitslosigkeit oder zur Integration von Einwanderern. Mit zunehmender Territorialisierung der Tätigkeit der Arbeitsverwaltung sowie ihrer wachsenden Unterstützung lokaler Initiativen im Laufe der vergangenen beiden Jahrzehnte vergrößert sich diese Legitimationsgrundlage, zuweilen geht die Arbeitsverwaltung sogar soweit, diese Initiativen in ihr Maßnahmenportfolio zu integrieren.

Die nationale Beschäftigungspolitik

In der Tat stimuliert die Beschäftigungspolitik trotz nationaler Ausrichtung in Konzeption und Durchführung die Mobilisierung lokaler Akteure. Denn obwohl die Beschäftigungspolitik meist eher auf bestimmte Zielgruppen als auf territorial abgegrenzte Projekte ausgerichtet ist und durch groß angelegte Programme mit schwacher territorialer Anbindung strukturiert ist, werden die Gebietskörperschaften dennoch einbezogen. Zunächst einmal als Konsumenten der Maßnahmen, da die Gebietskörperschaften zu den Hauptnutzern der im Bereich der non profit-Unternehmen abgeschlossenen „gestützten“ Arbeitsverträge gehören. Darüber hinaus als Partner in der Beschäftigungsförderungspolitik. Dieser in der

Beschäftigungspolitik keineswegs dominante Aspekt zeichnet sich durch seine starke territoriale Anbindung der Maßnahmen aus, die größtenteils aus der Verallgemeinerung lokaler Pilotprojekte hervorgegangen sind.

Schließlich sind sie organisatorisch eingebunden, da das Arbeitsministerium die ÖAV ohne Unterlass an die Bedeutung der Einbeziehung lokaler Akteure in die Umsetzung der nationalen Beschäftigungspolitik erinnert hat. Die Zentralverwaltung drängt die dekonzentrierten Behörden seit dem Runderlass zur Schaffung der ÖAV und später in der Form regelmäßiger Appelle zur Intensivierung ihrer Verbindungen zu Gebietskörperschaften und Sozialpartnern. Nichtsdestotrotz bleibt diese Einbeziehung die Ausnahme (v.a. bei einer Anzahl lokaler ÖAV-Teams). So stellt auch die Generalinspektion für soziale Angelegenheiten in ihrem Bericht von 1999 fest: „*Jedoch ist das Zusammenspiel der ÖAV-Tätigkeit mit den Gebietskörperschaften nicht allgemein üblich.*"[12]

Die Charakteristika der Beschäftigungspolitik

Über diese institutionellen Aspekte hinaus tragen auch die Form und Inhalt der Beschäftigungspolitik festlegenden Konzeptionen zur Legitimierung der Aktivitäten der Gebietskörperschaften als notwendige Aktivitäten bei. Denn die Bekämpfung der Arbeitslosigkeit ist einem dreifachen Zwang unterworfen: die quasi-industrielle Behandlung der Massenarbeitslosigkeit nach dem Gebot einer Individualisierung der Leistungen für die Empfänger, und dies mit quantitativ unzureichendem und in prekären Arbeitsverhältnissen arbeitendem Personal. Die erfolgreiche Bewältigung all dieser Zwänge erfordert eine erhebliche Logistik, die jene der Arbeitsmarktverwaltung übersteigt. Die Notwendigkeit, derartige Kapazitäten zu schaffen, wird umso zwingender, als die Arbeitslosigkeit auch weiterhin als vorübergehendes Phänomen aufgefasst wird. Diese Wahrnehmung bestimmt den allgemeinen Tenor der Beschäftigungspolitik, die weiterhin einer antizyklischen Handlungslogik verpflichtet ist. Hierdurch lässt sich auch die Zurückhaltung der aufeinander folgenden Regierungen hinsichtlich einer deutlichen Aufstockung des Verwaltungspersonals insbesondere auf subnationaler Ebene erklären. So bleiben die lokalen Akteure des Arbeitsministeriums – die Beschäftigungs- und Ausbildungskoordinatoren – auch weiterhin in prekären Beschäftigungsverhältnissen. Der Arbeitsmarktverwaltung erscheint der Status des (nationalen) öffentlichen Dienstes für die Behandlung eines als zyklisch und

12 Inspection Générale des Affaires Sociales, Rapport annuel 1999, La Documentation Française, Paris, S. 160.

temporär wahrgenommenen sozialen Problems als ungeeignet. Folglich zeichnet sich das gesamte Ausmaß der Schwierigkeiten ab, die bei der Behandlung einer politisch derart sensiblen und weit reichenden sozialen Frage wie der Arbeitslosigkeit mit wenig Personal und im Sinne einer Individualisierung des öffentlichen Dienstes zutage treten. Es zeigt sich deutlich, dass die Arbeitsmarktverwaltung aus eigenen Mitteln ein derartiges Unterfangen nicht bewältigen kann. Folglich drängt sich die Mobilisierung peripherer Akteure als notwendig auf. Gemäß dieser Logik externalisiert die ÖAV einen Teil ihrer Tätigkeiten und lässt sie von öffentlichen (AGEFIPH, CNASEA[13]) oder privaten Einrichtungen (Bildungseinrichtungen, PLIE, GEIQ, IAE[14]) erledigen. In derselben Logik mobilisiert der Staat die Gebietskörperschaften und regt lokale Beschäftigungsinitiativen an.

Die Kompetenzerweiterung der Gebietskörperschaften

Die Dezentralisierung und die sich daraus ergebende Kompetenzverteilung tragen zur Strukturierung dieses Legitimitätsraumes bei, innerhalb dessen die Gemeinden eigene Maßnahmen ergreifen. Die neuen, vom Zentralstaat übertragenen Zuständigkeitsbereiche der Gebietskörperschaften wurden in Kompetenzblöcke eingeteilt und gemäß dieser Logik dezentralisiert. Diese Entwicklung hat sich in Form der Übertragung von Teilbereichen der öffentlichen Politik konkretisiert, die sich schematisch folgendermaßen zuordnen lassen: Die wirtschaftliche Entwicklung sowie die Berufsbildung wurden den Regionen zugeteilt, die Sozialhilfe den Departements und die Stadtplanung den Gemeinden. Dennoch lassen sich diese Zuständigkeitsbereiche nicht, wie vom Gesetzgeber beabsichtigt, streng voneinander abgrenzen. Denn wie sollen Maßnahmen zur regionalen Wirtschaftsentwicklung oder im Bereich der Sozialhilfe ohne gleichzeitige Berücksichtigung der beruflichen Eingliederung und der beschäftigungspolitischen Dimension durchgeführt werden? Aus diesem Grund haben die Gebietskörperschaften logischerweise Argumente anführen können, die sich aus den Grenzen der Aufteilung in Kompetenzblöcke ergeben und die ihnen im Namen der eigenen Zuständigkeitsbereiche die Intervention in den Politikfeldern des Staates ermöglichen.

---

13 Centre national pour l'aménagement des structures des exploitations agricoles chargé par l'Etat de la rémunération des bénéficiaires de la politique d'emploi (Nationales Zentrum für Strukturanpassung der landwirtschaftlichen Betriebe, das vom Staat mit der Bezahlung der Leistungsempfänger der Beschäftigungspolitik beauftragt wurde)

14 Insertion par l'activité économique (Eingliederung durch wirtschaftliche Aktivität)

Der europäische Impuls

Zu einer Zeit, wo die französische Regierung die Europäische Union zu beschäftigungsfördernden Maßnahmen auffordert, um damit zu einer Reduzierung des Haushaltsdefizits beizutragen[15], wird deutlich, dass die Einfügung der nationalen Beschäftigungspolitik in die europäische Beschäftigungsstrategie eine stärkere Durchlässigkeit dieser Politik mit den Zielsetzungen und Prinzipien der gemeinschaftlichen Aktion erlaubt. Diese Handlungsprinzipien waren bereits Gegenstand einer ersten organisatorischen Anpassung bei den öffentlichen Akteuren Frankreichs durch die oftmals strukturierenden Normen des Europäischen Sozialfonds bei der Einführung neuer Durchführungsmodalitäten für Maßnahmen. Aber über diese Verwaltungsdimension hinaus tritt der Einfluss der Europäischen Union immer deutlicher in den Handlungsprinzipien und den Maßnahmen zutage. Die politisch-administrative Kultur Frankreichs wird (wenn auch nur sehr langsam) von den Handlungsprinzipien der Zusammenarbeit und der Subsidiarität durchdrungen. Unter dem Brüsseler Einfluss[16] verstärkt die Kombination dieser beiden Prinzipien die Idee einer Hinzuziehung der Gebietskörperschaften zur Bekämpfung der Arbeitslosigkeit. Was die Maßnahmen anbetrifft, so finden gemeinschaftliche Initiativen zugunsten einer territorialen Beschäftigungspolitik[17] Resonanz bei den Gebietskörperschaften, die nach Instrumenten zur Förderung lokale Beschäftigung suchen. Sowohl die lokalen Entwicklungs- und Beschäftigungsinitiativen[18] als auch die territorialen Beschäftigungspakte stellen Maßnahmen dar, die zur Strukturierung eben jenes Legitimitätsraumes für die Beschäftigungsinitiativen der Gebietskörperschaften beitragen.

Ein Schleudersitz an vorderster Front der Arbeitslosigkeit?

Schließlich ergibt sich aus der Stellung der lokalen, insbesondere kommunalen gewählten Vertreter das wohl stärkste Legitimationsinstrument und der bedeutendste Motivationsfaktor: Sie sind direkt mit den sozialen Folgen der Arbeitslo-

15 „Paris veut une initiative européenne pour l'emploi d'ici à fin septembre", Le Monde, 10. September 2003, S. 6

16 Die lokale Beschäftigungspolitik ist regelmäßiger Bestandteil der gemeinschaftlichen Leitlinien. Siehe J. C. Barbier und Sylla Ndongo Samba, 2001, Stratégie européenne de l'emploi: les représentations des acteurs en France, Bericht für DARES und den Ausschuss für Beschäftigung, Dezember 2001, S. 119

17 Zum Unterschied zwischen territorialer und territorialisierter Politik, siehe M. Autes, Le sens du territoire, Recherches et prévisions, Nr. 39, 1995, S. 59

18 Initiatives locales de développement et d'emploi (Lokale Initiativen für wirtschaftliche Entwicklung und Beschäftigung)

sigkeit konfrontiert. Statistische Untersuchungen haben diesen Tatbestand belegt.[19] So ergibt sich in der Frage der Zuständigkeitszuschreibung, dass die Mehrheit der Bevölkerung in den Kommunen (58 %) glaubt, dass der Bürgermeister Einfluss auf die Arbeitsmarktsituation in seiner Gemeinde hat. Diese Botschaft ist bei den Bürgermeistern angekommen, da nach einer schon etwas älteren Umfrage (1994) der Vereinigung der Bürgermeister Frankreichs die Gemeinden zu 54 Prozent spontan die Beschäftigung als Hauptproblem angeben und sich zu 70 Prozent für eine stärkere Intervention ihrerseits auf diesem Gebiet aussprechen. Dies bestätigt eine 1995 vom Meinungsforschungsinstitut SOFRES im Auftrag des Arbeitsministeriums durchgeführte Studie: für 49 Prozent der 1.142 befragten Gemeinden stellt die Beschäftigung die Hauptpriorität für die kommenden Jahre dar.

Die kommunalen Akteure fühlen sich von der Arbeitslosigkeit betroffen. In der Tat verschafft die Fähigkeit, in Zeiten wirtschaftlicher Rezession Arbeitsplätze zu schaffen oder sie aufrecht zu erhalten ein bedeutendes Wählerpotenzial, ohne dass dabei das Mandat in einem Bereich aufs Spiel gesetzt werden muss, der in jedem Fall in den Kompetenzbereich der Regierung fällt.

Dadurch wird deutlich, dass die Legitimität der Gebietskörperschaften für Eingriffe in den Beschäftigungsbereich die politische Verantwortung des Staates bei der Bekämpfung der Arbeitslosigkeit nicht in Frage stellt. Möglicherweise lässt sich damit erklären, dass der Staat seine Ordnungskompetenz auf diesem Gebiet beibehalten möchte und dennoch die Hilfe der lokalen Akteure in Anspruch nimmt. Letztere zeigen übrigens keinerlei Bestreben, das politische Gewicht der monatlichen Arbeitslosenzahlen mit dem Staat zu teilen. Deshalb haben Vorschläge zur Dezentralisierung der ANPE (Novelli-Péricard-Bericht von 1995 über Arbeitsförderungsmassnahmen) niemals eine starke Unterstützung der Gebietskörperschaften erfahren. Das Schema einer in den Händen des Staates verbleibenden Kompetenz, die dennoch Raum für die Entwicklung lokaler Initiativen lässt, scheint – selbst wenn es Kritik an der schwachen Systemintegration der Arbeitsförderungsmaßnahmen gibt – politisch alle Entscheidungsebenen zufrieden zu stellen.

Aus dem Französischen übersetzt von Werner Zettelmeier

19 Die in diesem Abschnitt verwendeten Zahlen sind der von J. Igalens und C. Vicens durchgeführten Studie entnommen. A. a. O., S. 66-68

Die lokalen Pläne für Eingliederung und Beschäftigung – ein Instrument der lokalen Beschäftigungspolitik in Frankreich

Suzanne Hunkeler

Laut der offiziellen Definition stellen die mehrjährigen lokalen Pläne für Eingliederung und Beschäftigung[1] ein Instrumentarium dar, mit dem die öffentlichen Interventionen auf lokaler Ebene aufeinander abgestimmt werden sollen, damit der Zugang bzw. die Rückkehr zur Beschäftigung von extrem benachteiligten Personen erleichtert werden. Als eine Plattform für Koordinierung führen die PLIE zur Verwirklichung quantitativer und qualitativer, klar identifizierter Ziele sämtliche Akteure zusammen, die gemeinsam mit dem Staat und der öffentlichen Arbeitsverwaltung im Bereich der sozialen und beruflichen Eingliederung tätig sind: Gebietskörperschaften, Unternehmen und Berufsverbände, Institutionen zur Eingliederung mit Hilfe wirtschaftlicher Tätigkeit, Vereine usw.

1 Geschichte

Ein in der Stadt Lille seit 1990 unter der Bezeichnung „Plan für Eingliederung" durchgeführtes Pilotprojekt hat sich im Laufe der Jahre zum lokalen Plan für Eingliederung und Beschäftigung entwickelt. In der Tat hat das 1998 von der französischen Nationalversammlung verabschiedete Gesetz, mit dem das Mindesteinkommen für Eingliederung geschaffen wurde, laut Pierre Mauroy, dem damaligen Bürgermeister von Lille, „den kommunalen Parlamentariern erlaubt, ihre Armen zu zählen". Diese Feststellung, die zu einem Zeitpunkt getroffen wurde, als die Stadt Lille umfangreiche städtebauliche Arbeiten in Angriff nahm, führte fast automatisch zu der Idee zu überprüfen, inwieweit die Qualifikationsbedürfnisse der mit den Arbeiten beauftragten Unternehmen aus dem Reservoir der verfügbaren Arbeitskräfte, die von Transfereinkommen lebten, gedeckt wer-

1 Im folgenden Text wird das französische Kürzel für Plans Locaux pour l'Insertion et l'Emploi (PLIE) verwandt (A. d. Ü.).

den könnten. Dass sich diese Initiative gerade in Nordfrankreich entwickeln konnte, hängt natürlich auch mit der Tatsache zusammen, dass diese Region von den industriellen Umstrukturierungen besonders hart betroffen war. Die Idee hat sich dann in ganz Frankreich ausgebreitet, so dass man 1994 40 PLIE zählte, 187 im Jahre 2003 und 8 weitere, die im Entstehen begriffen sind, so dass heute insgesamt fast 4.500 Gemeinden an einem PLIE beteiligt sind.

Was den gesetzlichen Rahmen angeht, so hat er sich bis 1997 schrittweise in einem Wechselspiel von Fragen und Antworten der betroffenen Gebietskörperschaften mit dem Ministerium für Arbeit und Soziales entwickelt. Auf diese Weise konnten die Grenzen der Einwirkungsmöglichkeiten auf lokaler Ebene genauer definiert werden und vor allem die der Verwendung der Mittel der europäischen Strukturfonds, denn die Finanzierung der PLIE beruht auf Mitteln des Europäischen Sozialfonds.

Das Gesetz 98-657 gegen soziale Ausgrenzung (Art. 16 des Gesetzes vom 29. Juli 1998) erkennt die PLIE erstmals als ein angemessenes Instrumentarium für Personen an, die Schwierigkeiten beim Zugang oder bei der Rückkehr zur Beschäftigung kumulieren. Es sieht bis Ende 2000 eine Erhöhung der PLIE auf 250 vor bzw. eine Ausweitung des territorialen Zuständigkeitsbereichs der bereits bestehenden PLIE. Ein Runderlass der Generalabteilung für Beschäftigung und Berufsbildung des Ministeriums für Arbeit und Soziales (99/40) vom 21. Dezember 1999 bestätigt diese Zielsetzung.

Trotz Fehlens einer echten Verbindlichkeit im juristischen Sinne geht der PLIE aus einer für ein bestimmtes geographisches Gebiet getroffenen Einverständniserklärung bzw. einem Rahmenvertrag hervor, der auf einer von den Unterzeichnern gemeinsam getragenen Analyse der Stärken und Schwächen des Gebiets in sozioökonomischer Hinsicht beruht. Dieses Dokument verpflichtet die Unterzeichner gemeinschaftlich in Bezug auf für jedes Territorium klar bestimmte quantitative und qualitative Zielsetzungen, Zielgruppen und bereitzustellende Mittel (Aktionsplan, mehrjähriger Finanzierungsplan).

2 Aufgaben und Ziele

- Der PLIE soll eine politische, technische und operationelle Partnerschaft auf lokaler Ebene organisieren und betreuen.

- Er soll die bereits bestehenden Maßnahmen und Instrumentarien voneinander abgrenzen bzw. aufeinander abstimmen. Dies betrifft die von den *Missions Locales* für die Jugendlichen durchgeführten Maßnahmen, die vom Départe-ment für die Bezieher des Mindesteinkommens für Eingliederung (RMI) organisierten Maßnahmen und die vom Arbeitsamt für die Arbeitsuchenden durchgeführten Maßnahmen. Hinzu kommen Maßnahmen, die von privater Seite im Bereich der Eingliederung vermittels wirtschaftlicher Tätigkeit ergriffen werden, sowie auf bestimmte Stadtviertel bezogene Maßnahmen, die Tätigkeit von Beschäftigungsgesellschaften, gemeinnützige Arbeiten und gemischte Aktivitäten. Schließlich müssen sämtliche Beschäftigungsverhältnisse miteinbezogen werden, die auf Lohnsubvention beruhen und die von öffentlichen Körperschaften und Einrichtungen, sowie den Vereinen angeboten werden. Angesichts dieses Wildwuchses von Maßnahmen ist die von vielen Lokalpolitikern als unabdingbar empfundene Notwendigkeit einer Klarstellung, einer Wirkungsanalyse, einer größeren Transparenz und einer Stärkung der Effizienz der Maßnahmen zu verstehen.
- Der PLIE soll individuell gestaltete Wege einer Rückkehr zur Beschäftigung organisieren.
- Er soll die wirtschaftlichen Akteure über das reine Angebot eines Arbeitsplatzes hinaus schon im Vorfeld in die Expertise und in der follow up-Phase in die Entwicklung einer Integrationspraxis am Arbeitsplatz und in ein Kollektiv miteinbeziehen.
- Der PLIE soll ein know how für Projektdurchführung im Dienste der lokalen Entwicklung initiieren.

3 Organisation und Funktionsweise

Auf politisch-strategischer Ebene ist eine von den Lokalpolitikern, den dezentralisierten Behörden der Staatsverwaltung und den Gebietskörperschaften gemeinsam getragene Steuerung der Vorgehensweise vonnöten, um die Ausrichtung festzulegen, die verschiedenen Politikbereiche aufeinander abzustimmen, einen Finanzplan aufzustellen und die Ergebnisse zu evaluieren. Die Erfahrung zeigt, dass die politische Unterstützung für die Umsetzung des Wandels ausschlaggebend ist.

Auf der technischen Ebene werden unter der Führung eines für den PLIE verantwortlichen Projektleiters sämtliche Fachkräfte der Staatsverwaltung und der Gebietskörperschaften zusammengeführt, die mit der Beschäftigungs- und Eingliederungspolitik befasst sind. Auf dieser Ebene erfolgt die Bedarfserhebung, die Ausarbeitung der Aktionspläne und des *follow up* des Programms.

Auf der operationellen Ebene schließlich erfolgt die praktische Umsetzung der Aktionen (Betreuung der betroffenen Zielgruppen, Qualifizierung, Eingliederung, Einführung in ein Beschäftigungsverhältnis...). Auf dieser Ebene wirken die lokalen Akteure im Rahmen von Zielvereinbarungen.

Der juristische Träger des PLIE gewährleistet seinerseits die technische Umsetzung des Plans, das administrative und finanzielle Management, das Projekt-*know how* und methodische Hilfestellung für die mit der konkreten Umsetzung der Maßnahmen betrauten Institutionen.

Zusammenfassend lässt sich sagen, dass der Mehrwert des PLIE in seiner territorialen Verwurzelung und der Passgenauigkeit seiner auf spezifische Bedürfnisse abgestellten Maßnahmen liegt. Jeder PLIE ist somit einzigartig und verschafft sich Anerkennung in dem Maße, wie er einen starken politischen Willen, gemeinsam auf lokaler Ebene im Dienste der Beschäftigung zu handeln, widerspiegelt.

4 Vereinigung *EUROPLIE*

1997 wurde auf Initiative der Projektleiter verschiedener PLIE die Vereinigung *EUROPLIE* gegründet. Sie zählt heute 137 von 187 existierenden PLIE als Mitglieder. Im Runderlass von 1997 wird sie beschrieben als Anlaufstelle für Beratung und methodische Unterstützung bei der Ausarbeitung und Entwicklung der PLIE. Sie ist regional gegliedert und für jede Region ist ein Regionalkorrespondent zuständig. Sie verfügt über ein Dokumentationszentrum und stellt ihren Mitgliedern Expertise, innovative Erfahrungen und *best practices* zur Verfügung. Sie veröffentlicht zwei Mal pro Monat ein Informationsbulletin *INTERPLIE*, das über die Arbeit des Netzwerks, seine Initiativen und Probleme berichtet. Hauptanliegen von *EUROPLIE* ist es, ein Forum für Erfahrungsaustausch mit thematisch ausgerichteten Arbeitsgruppen darzustellen (PLIE und wirtschaftliche Akteure, Professionalisierung, Umgang mit Zielgruppen und Beschäftigungshindernisse), sowie nationale themenspezifische Tagungen zu organisieren, z. B. „PLIE und interkommunale Zusammenarbeit“; „PLIE im ländlichen Raum“; „PLIE und Eingliederungsklauseln bei Vergabe öffentlicher Aufträge“).

Aus dem Französischen übersetzt von Werner Zettelmeier

Möglichkeiten und Grenzen einer kommunalen Beschäftigungspolitik in Frankreich, dargestellt am Beispiel von Cergy-Pontoise

Agnès Rouchette

Auf der Ebene der Gemeinden ist die Umsetzung von koordinierten Maßnahmen, die ein Arbeitsplatzangebot und eine Arbeitsplatznachfrage in Übereinstimmung bringen sollen, keine Selbstverständlichkeit. Zum einen aus dem einfachen Grund, weil die Beschäftigungspolitik vom Staat definiert wird und immer oberhalb der Gemeindeebene umgesetzt wird, zum anderen, weil sie die Gemeinden zwingt, ihre Sozialpolitik und ihre Strategie zur wirtschaftlichen Entwicklung miteinander in Einklang zu bringen.

Was die Stadt Cergy angeht, so stellt der lokale Plan für Eingliederung und Beschäftigung *(PLIE)* eines der wesentlichen Instrumente dieser Politik dar. In den folgenden Ausführungen soll anhand der Erfahrungen der Stadt Cergy eine konkrete Form einer politischen Mobilisierung für ein Ziel illustriert werden, nämlich allen Personen eine qualitativ ansprechende Arbeit zu verschaffen.

Die Stadt Cergy als Teil der *Ville Nouvelle* Cergy-Pontoise

Die Stadt Cergy liegt inmitten des Ballungszentrums Cergy-Pontoise, das vor 30 Jahren ca. 30 km nordwestlich von Paris entstanden ist. Cergy-Pontoise umfasst insgesamt elf Städte und Gemeinden auf einer Fläche von 8.000 ha. Das Ballungszentrum, das sich sowohl durch seine Lebensqualität (Verfügbarkeit von Wohnmöglichkeiten, Sportstätten, Geschäften und kulturellen Aktivitäten) als auch durch zahlreiche angesiedelte Gewerbe auszeichnet, verbindet somit die beiden Funktionen Wohnen und Arbeiten. Die Stadt Cergy zählt ca. 55.000 Einwohner. Die Bevölkerungsstruktur ist geprägt durch den hohen Anteil Jugendlicher, da 40 Prozent der Wohnbevölkerung unter 20 Jahre sind und 46 Prozent unter 25 Jahren. Die Zahl der Erwerbstätigen belief sich auf 26.950 im Jahre 1999. Die Kategorien der Arbeiter, Angestellten und mittlerer Funktionen sind sowohl bei den in Beschäftigung sich befindenden Erwerbspersonen als auch bei den Arbeitsuchenden in der Mehrheit. Das Ballungszentrum Cergy-Pontoise zählt ca. 6.000 Unternehmen mit 93.543 Beschäftigten. Innerhalb des Departements Val-d'Oise ist es nach dem Flughafen Roissy-Charles de Gaulle die zweitgrößte Beschäftigungszone mit starker Ausrichtung auf Dienstleistungsbetriebe. Im Laufe der 90er Jahre hat die Zahl der Beschäftigten im Ballungszentrum Cergy-Pontoise um ca. 13 Prozent zugenommen. Seit 2002 verlangsamt sich jedoch diese Entwicklung aufgrund der allgemeinen Verschlechterung der wirtschaftlichen Situation. Die Zahl der Erwerbssuchenden in der Stadt Cergy beläuft sich auf 3.301 und 4.596 unter Berücksichtigung aller Kategorien (11.834 für das gesamte Ballungszentrum). Die Verschlechterung der Wirtschaftslage führt dazu, dass die Zahl der Erwerbssuchenden wieder auf dem Niveau des Jahres 1998 ist.

Die Beschäftigungspolitik in Cergy

Wie in vielen Gemeinden waren auch die Lokalpolitiker in Cergy im Laufe der 90er Jahre mit einem raschen Anstieg der Arbeitslosigkeit konfrontiert. Dieser bedrohte die fragilen Gleichgewichte einer Stadt wie Cergy, die sich einerseits in einer dynamischen Entwicklung befand, andererseits viele Haushalte aus einkommensschwachen Schichten zählte. Der Anstieg der Arbeitslosigkeit war einerseits auf die verschlechterte Wirtschaftslage zurückzuführen, andererseits auf die fehlende Anpassung eines Teils der verfügbaren Arbeitskräfte an die vorhandenen neuen Beschäftigungsmöglichkeiten.
Die Stadt Cergy hat in differenzierter Weise auf diese neuen Herausforderungen zu antworten versucht:

- mit sozialen Maßnahmen der Stadtverwaltung, die sich im Laufe der Jahre stark entwickelt haben;
- mit speziellen Maßnahmen für Jugendliche, wie sie sich zum Teil in der Tätigkeit der drei Jugendhäuser in verschiedenen Stadtvierteln und in der Finanzierung einer Anlaufstelle für ratsuchende, arbeitslose Jugendliche (*Mission Locale*) äußern;
- mit der Tätigkeit eines speziellen Büros „Wirtschaftsentwicklung und Beschäftigung", das sich um die Beratung und Betreuung der Arbeitslosen bei der Suche nach einem Arbeitsplatz kümmert;

- mit der Überführung von besonderen Personengruppen in eine Beschäftigung. Über die Subventionen hinaus, die Institutionen bekommen, die mit der Eingliederung vermittels wirtschaftlicher Tätigkeiten befasst sind, hat die Stadt Cergy beschlossen, auch selbst entsprechende Eingliederungsarbeitsplätze bereitzustellen. Hierbei ist die Stadt Cergy zwar ein wichtiger Partner; allerdings wirkt sie im Zusammenspiel mit zahlreichen anderen, teilweise vereinsrechtlich organisierten Akteuren, die sich insgesamt auf ein gut ausgebautes institutionelles Umfeld stützen können, das von einem starken politischen Willen des Conseil Général und des Staates getragen wird.

Angesichts der Tragweite der Aufgabe gab es einen starken Willen zusammenzuarbeiten. Viele Akteure erkannten an, dass sich bereits „einiges" in dieser Beziehung in Cergy getan habe. Den Maßnahmen fehlte es jedoch an Kohärenz. Die Bestandsaufnahme, die der Schaffung des PLIE im Jahre 1996 zugrunde lag, weist auf folgende Desiderata hin:

- die Notwendigkeit einer Abstimmung aller in Cergy existierenden Maßnahmen,
- die Notwendigkeit einer Koordinierung der Werdegänge der in Eingliederung befindlichen Personen,
- die Vernetzung von Institutionen zur wirtschaftlichen Eingliederung mit den Unternehmen und die Mobilisierung der Unternehmen,
- zusätzliche Finanzmittel, um bestimmte bis dato wenig entwickelte Maßnahmen durchzuführen,
- Abstimmung der verschiedenen Politikbereiche in einem lokal abgegrenzten Raum,
- Verbesserung der Evaluierungstechniken.

Der zweite PLIE umfasst einen Zeitraum von 5 Jahren (2001 bis 2005). Angesichts der in Cergy potentiell betroffenen Zielgruppen, wurde als Mindestzahl der zu betreuenden Personen 1.150 festgesetzt und 575 Personen, die in ein festes und dauerhaftes Beschäftigungsverhältnis überführt werden sollten, das heißt 50 Prozent. Der positive Abschluss einer Maßnahme gilt als erreicht, wenn die betroffene Person 6 Monate lang ununterbrochen gearbeitet hat bzw. wenn sie das Zertifikat bzw. Diplom einer Bildungsmaßnahme erhalten hat. Personen, die im Rahmen des PLIE betreut werden, bekommen individuelle Eingliederungsmaßnahmen angeboten. Während des Eingliederungsverlaufs wird jede(r) Betroffene(r) von einer einzigen Bezugsperson betreut. Der Eingliederungsverlauf kann, je nach Erfordernissen, verschiedene Dienstleistungen umfassen:

- Die Aufnahme, eine Bestandsaufnahme und eine Orientierungsberatung,
- eine individuelle Begleitung der Eingliederung,
- eine (oder mehrere) Maßnahmen einer wirtschaftlichen Eingliederung,
- eine spezifische Qualifizierungsmaßnahme (fallweise),
- eine Betreuung bei der Suche nach einer Beschäftigung,
- die Rückführung in ein Beschäftigungsverhältnis,
- eine Betreuung während der ersten 6 Monate des Beschäftigungsverhältnisses.

Der PLIE verfolgt drei strategische Zielsetzungen:

- Planung der sozialen und beruflichen Eingliederung für die vom PLIE betroffenen Personen.

  Es erschien notwendig, die eingesetzten Mittel zu verstärken, sowie eine bessere Koordinierung und höhere Komplementarität der verschiedenen Akteure vor Ort zu gewährleisten (Anlaufstellen, Betreuungsinstitutionen, Bildungsorganisationen, Institutionen der wirtschaftlichen Eingliederung, etc.), um einen reibungslosen Verlauf der Eingliederung sicherzustellen. Der PLIE bemüht sich auch, neue Instrumente einzusetzen, die mögliche Hindernisse für den Eingliederungsverlauf überwinden helfen sollen (Mobilitätsprobleme, Probleme mit Kinderbetreuung, etc.);
- Entwicklung und Diversifizierung der Maßnahmen für Qualifizierung und Eingliederung vermittels wirtschaftlicher Aktivität, indem Initiativen in diesem Bereich unterstützt und angeregt werden;
- Bessere Einbeziehung der Unternehmen und der wirtschaftlichen Akteure in die Bemühungen um Eingliederung.

  Der PLIE bemüht sich schließlich, die Unternehmen zu sensibilisieren und zu betreuen, damit sie sich stärker im Kampf gegen soziale Ausgrenzung engagieren und dies schon soweit wie möglich im Vorfeld der Aufnahme eines Arbeitsverhältnisses. Heute bemüht sich der PLIE darum, dass die Unternehmen die Eingliederungsbemühungen für benachteiligte Personen (Vermittlung eines Arbeitsplatzes mit Betreuungsmaßnahmen, Finanzierung der Betreuung, …) unterstützen.

Schluss: Charakteristika des PLIE von Cergy

Auch wenn der Staat im Laufe des Jahres 2000 versucht hat, die Organisation der PLIE's landesweit zu harmonisieren, so bleibt heute festzustellen, dass kein PLIE dem anderen gleicht. Der PLIE ist der Ort, wo mehrere Partner gemeinsam eine Eingliederungspolitik nach dem Subsidiaritätsprinzip ausarbeiten. Jeder PLIE entwickelt seine Aktionen, seine Instrumente und seine Kooperationen, und zwar in Abhängigkeit vom jeweiligen Umfeld, der Einbeziehung der jeweiligen institutionellen Partner und der Struktur des Arbeitsmarktes der betroffenen Beschäftigungszone. Charakteristisch für den PLIE von Cergy ist sicherlich die Benennung einer Bezugsperson als Ansprechpartner für die verschiedenen institutionellen Akteure und dies für die gesamte Dauer des Eingliederungsverlaufs. Hierfür gibt es in den Instrumentarien der Beschäftigungspolitik bislang keine Entsprechung. Im Rahmen einer kommunalen Beschäftigungspolitik ist der PLIE ein unabdingbares Element. In seiner operativen Umsetzung führt er zu einer ständigen Evaluierung des örtlichen Instrumentariums im Kampf gegen soziale und berufliche Ausgrenzung, indem er auf Defizite hinweist, Grenzen und funktionale Störungen aufzeigt, um somit seine Aufgabe zu erfüllen, das heißt das bestehende Instrumentarium, dort wo es nötig ist, zu ergänzen.

Der jetzige zweite PLIE ist interkommunal, da zwei weitere Gemeinden sich angeschlossen haben. Trotz einer extrem schwierigen Beschäftigungssituation entwickelt er sich in positiver Weise: Er weitet seine Interventionsmöglichkeiten aus, erfasst mehr und mehr Personen und führt einen Teil davon in Beschäftigungsverhältnisse ein.

Auch wenn der Kampf gegen die Arbeitslosigkeit noch nicht gewonnen ist, liegt der Schlüssel für den Erfolg dieses PLIE's darin, dass alle beteiligten Akteure sich bewusst sind, an einem kollektiven Unterfangen teilzuhaben, zu dem jeder beitragen kann, sowohl natürlich in der operativen Umsetzung als auch durch die aktive Beteiligung an der Konzeption neuer Instrumente, um die globale Effizienz der Maßnahmen noch zu steigern. Dies kann nur im Rahmen einer echten Partnerschaft geschehen, wie sie in Cergy existiert.

Aus dem Französischen übersetzt von Werner Zettelmeier

Die Territorialisierung der Beschäftigungspolitik in Frankreich im Lichte der wirtschaftswissenschaftlichen Forschung

Muriel Maillefert

Es erscheint schwierig, wenn nicht gar paradox, die Beschäftigungspolitik in Frankreich unter dem Blickwinkel der Rolle der Gebietskörperschaften zu erörtern, denn im Gegensatz zu anderen Ländern muss im Falle Frankreichs daraufhin gewiesen werden, dass die subnationalen Entscheidungsebenen nur über eine relativ begrenzte Autonomie verfügen und dass zumindest in der Definition der großen Orientierungen der Beschäftigungspolitik der (Zentral-)Staat maßgebend bleibt. Es ist daher eine relativ undankbare Aufgabe, die Beschäftigungspolitik vom Standpunkt der substaatlichen Entscheidungsebenen her zu analysieren.

Dieser Ansatz einer zentralen Entscheidungsinstanz, der in Frankreich besonders stark verbreitet ist, harmoniert in besonderer Weise mit dem der ökonomischen Theorie, für die der Staat sowohl in der liberalen als auch in der keynesianischen Ausprägung ein exogener Akteur im Verhältnis zum Wirtschaftssystem ist, der zwar wirtschaftspolitische Prioritäten festlegt, dessen Verhalten aber nicht modellisiert ist.

Angesichts dieser doppelten Feststellung, die auf eine gewisse Divergenz zwischen Theorie und Praxis verweist, ist eine pragmatische Vorgehensweise angebracht, um die Dynamik und die Beweggründe für die Territorialisierung der Beschäftigungspolitik zu verstehen. Vor einer eingehenderen Betrachtung der substaatlichen Ebene scheint eine Erörterung der Funktion, die jeder Akteurstyp oder jede Entscheidungsebene zumindest formal in der Beschäftigungspolitik in Frankreich hat, vonnöten.

Bekanntlich lassen sich in Frankreich bei den Gebietskörperschaften drei Ebenen unterscheiden, deren Hierarchie sich weder in der Folge der ersten Welle der Dezentralisierungsgesetze der 80er Jahre noch durch die verschiedenen Orientierungsgesetze der 90er Jahre nachhaltig verändert hat (Mauroy-Bericht, 2000).

Jede Entscheidungsebene verfügt somit über präzise Kompetenzen, deren Aufteilung (die sog. „Kompetenzblöcke") sich durch das Prinzip der geographischen Nähe (oder um in der Terminologie des Mauroy-Berichts zu sprechen, durch das Subsidiaritätsprinzip) rechtfertigen lässt. Danach ist die Region zuständig für wirtschaftliche Entwicklung, wozu auch das Transportwesen und die berufliche Bildung gehören. Das Département ist zuständig für die Bereitstellung der „schweren" (weil überörtlichen, Anm. d. Ü.) Infrastruktur, für die Sozialpolitik und die Entwicklung des ländlichen Raumes, während die Gemeinden zuständig sind für die örtliche Infrastruktur und die Kontrolle über die Flächennutzung haben (Pecqueur, 2000, Mauroy-Bericht, 2000).

Hinter dieser scheinbar sehr klaren Aufteilung verbergen sich eine Reihe von Umsetzungsschwierigkeiten, die sich aus der wenig transparenten Logik ergeben, die der Kompetenzaufteilung unter den verschiedenen Gebietskörperschaften (Verdier, 1996)[1] zugrunde lag und die somit zu einer Vermischung der Zuständigkeiten geführt hat (Mauroy-Bericht, 2000)[2].

Dieser Kompetenzwirrwarr betrifft auch die Maßnahmen zur Beschäftigungsförderung, die direkt oder indirekt auf jeder dieser substaatlichen Ebenen anzutreffen sind. So ist in der Tat das Département als dekonzentrierte Entscheidungsebene des Zentralstaates mit der Umsetzung der nationalen Politik beauftragt, vor allem im Bereich der Sozialpolitik (z. B. der Einführung des Mindesteinkommens zur Eingliederung (*Revenu minimum d'insertion/RMI)).* Die Region ist zuständig für die berufliche Bildung. Aber sie ist auch der verlängerte Arm des Staates für die Umsetzung einiger der Ziele der staatlichen Berufsbildungspolitik (Madiot, 1993). Was die Gemeinden angeht, so haben sie keine spezifischen Kompetenzen in der Beschäftigungspolitik, jedoch entwickeln sie in ihrem Zuständigkeitsgebiet bestimmte Eingliederungspolitiken. Manche lokalen Erfahrungen können sogar modellbildend wirken wie im Falle der lokalen Pläne für Eingliederung und Beschäftigung *(PLIE).*

Die Maßnahmen der Gebietskörperschaften in diesem Bereich werden oft vom Standpunkt der Raumordung her legitimiert, der historisch gesehen hierfür

1 Verdier (1996) verweist in diesem Zusammenhang auf die Grenzen des Subsidiaritätsprinzips, das seiner Ansicht nach eher ein Prinzip der teilweisen Überlappung von Kompetenzen darstellt.

2 „Die Dezentralisierung hat zu einer allgemeinen Verschränkung und Überlagerung von Verantwortlichkeiten geführt, aus der man dringend einen Ausweg finden muss, dies umso mehr, als der Begriff Sozialhilfe nunmehr ausgeweitet ist auf neue Formen sozialer Maßnahmen, wie z. B. den Kampf gegen soziale Ausgrenzung. Obwohl sie sich an die schwächsten Glieder unserer Gesellschaft richten, gehören die Verfahren zu denjenigen unseres Rechtssystems, die sich durch eine extreme Komplexität und oft auch durch äußerste Unbestimmtheit auszeichnen. Es ist also dringend notwendig, die Dezentralisierung in all den Bereichen energisch voranzutreiben, in denen eine bürgernahe Maßnahme gerechtfertigt ist, und dies mit Hilfe von einzelvertraglich festgelegten Kompetenzübertragungen, wenn ein Eingreifen der interkommunalen Entscheidungsebenen wirksamer ist." (Mauroy-Bericht, 2000, S. 56).

eine Vorreiterrolle zukommt. Nun gibt es zwar in der Raumordnungspolitik Maßnahmen zur Beschäftigungsförderung, doch gehören diese nicht zur Beschäftigungspolitik als solcher. Sie gehören eher zu Programmen, die den Erhalt oder die Entwicklung eines lokal existierenden (wirtschaftlichen) Potentials anstreben, oder wenden sich direkt an die Unternehmen selbst, vermittels direkter oder indirekter Hilfen, die als solche ausgewiesen sein können oder nicht, das heißt entweder als offizielle oder eher als versteckte Hilfen.

Der territoriale Ansatz ist jedoch für diese Art von Politik ganz offensichtlich geeignet. Er manifestiert sich allerdings oft nur indirekt über das Handeln der lokalen Akteure. Dieses verdient somit eine eingehendere Betrachtung. Angesichts der großen Zahl der lokalen Akteure, soll auf die Einteilung von Pecqueur (2000) zurückgegriffen werden, der sich jedoch ausdrücklich auf den Standpunkt der lokalen Entwicklung beruft und nicht den der Beschäftigungspolitik. Er unterscheidet drei Kategorien von Akteuren:

- eine erste Kategorie umfasst die dekonzentrierten Außenstellen des Zentralstaates (regionale und departementale Außenstellen der mit der wirtschaftlichen Entwicklung beauftragten Fachministerien[3])
- eine zweite Kategorie setzt sich zusammen aus den kommunalen Wirtschaftsbehörden und Institutionen, die insbesondere mit der Umsetzung der verschiedenen Pläne, die die Region mit den anderen Gebietskörperschaften verbindet, beauftragt sind
- schließlich eine dritte, sehr heterogene Kategorie, die „die Kammern und Branchenverbände, Institutionen zur Unterstützung der lokalen Körperschaften und eher lockere Zusammenschlüsse von lokalen Akteuren (Agenturen für Städtebau, Komitees für Beschäftigungszonen, Vereine für wirtschaftliche Entwicklung) mit sehr unterschiedlichem Rechtsstatus umfasst, sowie die technischen Dienststellen der Region und des Staates oder solche, die die Unternehmen sich geschaffen haben (…) und schließlich der gemischtwirtschaftliche Sektor (mit den *Sociétés d'économie mixte/SEM*), der privates und öffentliches Kapital miteinander verbindet, um öffentliche, gegen Bezahlung erbrachte Dienstleistungen zu verwalten“ (Pecqueur, 2000, S. 120-121).

3 Hierzu gehören die regionalen Außenstellen des Industrieministeriums (DRIRE), des Arbeits- und Sozialministeriums (DRT), das Nationale Amt für Statistik (INSEE), das dem Wirtschafts- und Finanzministerium untersteht, das Generalsekretariat für regionale Aktion (SGAR), das zur Délégation à l'Aménagement du Territoire et l'Action Régionale (Nationale Raumordnungsbehörde) gehört.

Die Institutionen der Arbeitsverwaltung im klassischen Sinn sind ebenfalls vielfältiger Natur. Es gibt die traditionellen Organismen der öffentlichen Arbeitsmarktpolitik (Arbeitsamt, *ANPE*), Verein für berufliche Bildung Erwachsener (*Association pour la Formation Professionnelle des Adultes/AFPA*), sowie die dekonzentrierten Außenstellen des Arbeitsministeriums (Regionale und departementale Behörden für Arbeit, Beschäftigung und Berufsbildung). Wie bereits erwähnt ist die Aufteilung der lokalen Kompetenzen auf zentralstaatlicher Ebene landesweit einheitlich festgelegt. So ist das Arbeitsministerium mit der Betreuung der öffentlichen Arbeitsverwaltung beauftragt, während die entsprechenden Fachabteilungen des Premierministers und die interministeriellen Komitees sich mit der Steuerung und der Koordinierung der Politik beschäftigen. Das erklärt, warum die Umsetzung der Maßnahmen vor Ort den Präfekten obliegt (Beauviala-Ripert et alii, 1995).

Man könnte meinen, dass die Sorge all dieser Institutionen der Beschäftigung gilt, aber es ist schwierig, genau die Akteure und die Aktionen derer auszumachen, die sich für Beschäftigungspolitik interessieren. Es steht außer Frage, dass der Gegenstand der Beschäftigungspolitik komplex und verschiedenartig ist[4]. Die zielgerichtete Dimension der Beschäftigungspolitik interessiert vor allem die lokalen Akteure. Sie lässt sich charakterisieren anhand des Abgleichens zweier Kriterien : der Arbeitslosigkeit mit der Vermittlung von Arbeitsplätzen. Sie betrifft somit vor allem Personen und nicht Arbeitsplätze Die Beschäftigungspolitik unterscheidet sich ebenfalls von der Industriepolitik, die sich in erster Linie an Unternehmen wendet und daher vom Produktionssystem und dem Einsatz von Arbeitskräften her analysiert wird, und die auch nicht mit der öffentlichen Beschäftigungspolitik oder der lokalen Politik der Zuteilung öffentlicher Arbeitsplätze verwechselt werden darf. Sie kann zwar bedeutende lokale Auswirkungen haben, jedoch ist sie kein Element der allgemein als solcher anerkannten Beschäftigungspolitik[5].

So kann man verstehen, dass ein territorialer Ansatz in der Beschäftigungspolitik nicht einfach ist. Von daher mag es sehr ehrgeizig, wenn nicht gar vermessen erscheinen, einen Forschungsstandsbericht über ein derart komplexes

---

4 Dayan (1995, zitiert in Dares, 1997, S. 6-7) erwähnt sechs Betätigungsfelder, die sich teilweise überlappen. Es handelt sich hierbei um: die Arbeitsmarktbeteiligung, die Beschäftigung (Beschäftigungsumfang und -aufteilung); die Qualifizierung und Beschäftigungsfähigkeit (Jugendliche und Langzeitarbeitslose), die Verwaltung von Arbeitskräften, die individuellen Erwerbsbiographien (Jugendliche und Langzeitarbeitslose).

5 Wie es die Studie von Beauviala-Ripert, Saillard und Ternaux (1997) vorzuschlagen scheint. Man kann somit den Unterschied zwischen einem Zugang zur Territorialisierung unter dem Vorzeichen der Industriepolitik oder dem der öffentlichen Beschäftigungspolitik feststellen.

und im Fluss befindliches Thema zu erstellen. Die Übersicht, die hiermit vorgelegt wird, bleibt daher unvollständig, dies nicht nur weil die Zahl der in Betracht gezogenen Studien zwangsläufig begrenzt ist, sondern auch, weil sie vom Standpunkt der Wirtschaftswissenschaften geschrieben wird und hier wiederum die Rolle des Staates als Ausgangspunkt gewählt worden ist.

Diese Vorgehensweise mag erstaunen angesichts des Themas (Territorialisierung der Beschäftigungspolitik) und bedarf somit einiger Erklärungen.

Nach mehreren Versuchen, die Territorialisierung unter dem Blickwinkel der Akteure und der subnationalen Entscheidungsebenen zu analysieren, scheint es nunmehr angebracht, die staatliche Beschäftigungspolitik als Ausgangspunkt zu nehmen, denn die staatliche Politik steuert den gesamten Prozess. Vom Standpunkt des Staates auszugehen, bedeutet, einer top down Sichtweise der öffentlichen Politik den Vorrang zu geben, was natürlich die Autonomie der subnationalen Ebenen herunterspielt. Dennoch lassen sich bestimmte Anzeichen einer stärkeren Berücksichtigung einer echten territorialen Dimension horizontalen Typs feststellen.

Aber die Einführung einer autonomen Politik auf subnationaler Ebene setzt voraus, dass man sowohl die Entscheidungsgründe für die Beschäftigungspolitik neu definiert (worauf die fehlende Abgrenzung zwischen der Beschäftigungspolitik und der Politik der wirtschaftlichen Entwicklung, wie sie von den lokalen Entscheidungsebenen betrieben wird, hindeutet), als auch die Vorgehensweise der Akteure. Es gibt in der Tat Anzeichen für eine Entwicklung von der traditionellen Vorgehensweise der *public policy* hin zu einer weniger hierarchisierten und stärker transversalen Form des öffentlichen Handelns, die sich durch Schlagworte wie „Partnerschaft“ und „Projektorientierung“ charakterisieren ließe.

Unter diesem Vorzeichen lassen sich die Fragen, die man zur Territorialisierung der Politik stellen kann, unter zwei Leitfragen zusammenfassen.

1. Welche entscheidenden Ereignisse in der jüngeren Geschichte der französischen *public policy* können helfen, die Gründe für eine stärkere Territorialisierung des Vorgehens zu entschlüsseln?
2. Inwieweit verändert diese das Bild der subnationalen Entscheidungsebenen und das Verständnis von öffentlicher Politik schlechthin?

Nachfolgende Ausführungen stützen sich auf eine Reihe von theoretischen und empirischen Studien zur Beschäftigungspolitik. Die Studien, die sich ausdrücklich und präzise mit einer auf einen abgegrenzten geographischen Raum unterhalb der nationalen Ebene beschränkten Beschäftigungspolitik befassen, sind jedoch relativ selten. Sechs Studien sind aufgrund ihrer inhaltlichen Nähe zu unserem Thema ausgewählt worden. Ihre Vorgehensweise und Schlussfolgerungen in Sachen Territorialisierung sind in nachstehendem Schaubild zusammenfassend dargestellt. (Schaubild 1).

Schaubild 1: Synopse zu sechs jüngeren Studien zur Territorialisierung der Beschäftigungspolitik in Frankreich

Titel der Studie	Thematische Leitfrage	Ergebnisse in Bezug auf Territorialisierung.
Bessy Ch., Eymard-Duvernay F., Gomel B., Simonin B. (1995), „Les politiques d'emploi: le rôle des acteurs locaux", cahiers du CEE, n°34.	Untersuchung vom Standpunkt der lokalen Akteure und der Art und Weise der Mittelverwendung.	Darstellung der verschiedenen Formen der Aneignung oder Umsetzung der Maßnahmen oder Instrumente durch die Akteure. Lokale und globale Vorgehensweisen schließen einander aus.
Vernaudon D. (Hrsg.) (1996), Collectivités locales et lutte contre le chômage, Cahier travail et emploi, La documentation française.	Eine der ersten von der Ministerialverwaltung erstellten Studie, die sich für die territorialisierte Komponente der staatlichen Beschäftigungspolitik interessiert.	Feldstudien zur Wirkung von Territorialisierungsmaßnahmen Differenzierung zwischen bottom up- und top down-Logik.
Beauviala C., Saillard Y (1997), Les dispositifs institutionnels locaux de l'emploi. Le cas Grenoblois, Rapport pour le Plan Urbain, Grenoble, 108 p.	Untersuchung der Abstimmungsprozesse unter den Akteuren sowie zwischen lokaler und globaler Regulierung.	Analyse der lokalen Beschäftigung ausgehend vom vorhandenen lokalen Instrumentarium zur Beschäftigungsförderung. Analysiert werden Akteursverhalten und lokale Institutionen. Wichtiger Aspekt: eine Definition der subnationalen Entscheidungsebene in Abgrenzung vom lokale Arbeitsmarkt.
Legay A, Montchatre S. (2000), „L'ANPE à l'épreuve du local", Travail et emploi, n°81, janv , pp 41-51.	Vergleich des Handelns zweier örtlicher Arbeitsämter in zwei verschiedenen Beschäftigungszonen.	Hervorhebung von unterschiedlichen Verhaltensweisen und Bedeutung des institutionellen Umfeldes. Die Arbeitsämter ordnen sich dem örtlichen Umfeld unter, das durch das Verhalten der Unternehmen, der institutionellen Akteure und die lokale Beschäftigungsstruktur geprägt ist.
Garraud Ph. (2000), Le chômage et l'action publique, L'Harmattan, coll logiques politiques, 241 p.	Kritische Analyse der Organisationsstruktur der öffentlichen Beschäftigungspolitik.	Globale Inkohärenz der öffentlichen Beschäftigungspolitik („Flickschusterei"). Dominanz eines „politisch-bürokratischen Ansatzes"
Berthet Th., Cuntigh P., Guitton C. (Hrsg.) (2001), Politiques d'emploi et territoires, CERVL-CEREQ (im Auftrag der DARES), 210 p.	Analyse der öffentlichen Beschäftigungspolitik unter Berücksichtigung der zentral-staatlichen und lokalen Akteure sowie der subnationalen Entscheidungsebenen.	Historische Analyse der Entstehung der örtlichen Beschäftigungsproblematik. Spannung zwischen territorialisierter (vertikaler) Politik und (horizontaler) Politik der subnationalen Entscheidungsebenen

1 Zum Verständnis der Territorialisierung der Politik in Frankreich

Im französischen Kontext verweisen öffentliche Politik allgemein und Beschäftigungspolitik im Besonderen auf Aktionen und Maßnahmen des Staates, die für alle Akteure landesweit verbindlich sind und die (naturgemäß) keinerlei spezifischen Bezug zu einem geographisch abgegrenzten Raum enthalten. Im Gegensatz dazu verweist der Begriff des „territoire“[6] auf autonome und von staatlicher Aufsicht unabhängige Aktionen.
Dieser augenscheinliche Widerspruch zwischen der Vorgehensweise der öffentlichen Politik und der Berücksichtigung der „territoires“ erfordert es, die Beweggründe zu erklären, die zur Entstehung einer so definierten territorialen Dimension in der öffentlichen Beschäftigungspolitik geführt haben.

a) Ziele der Territorialisierung

Es mag verlockend erscheinen, die Territorialisierungsmaßnahmen exogenen Faktoren, wie zum Beispiel der EU-Beschäftigungsstrategie und den Strukturfonds, zuzuschreiben. Die EU-Beschäftigungsstrategie dürfte wohl eine Rolle gespielt haben, war aber sicher nicht ausschlaggebend. Es scheint zutreffender, die Territorialisierungsansätze auf im wesentlichen endogene Faktoren des französischen Kontextes zurückzuführen, nämlich die schon alte Frage, die sich die Vertreter der Staates selbst stellen bezüglich der Effizienz und Gerechtigkeit der Beschäftigungspolitik und die im Laufe der 90er Jahre so dringend geworden ist, dass sie zu einer Einstellungsänderung geführt hat.

- Zur Effizienz: Trotz steigender und umfangreicher Mittel (die Ausgaben für die Beschäftigung belaufen sich auf ca. 4 Prozent des BIP, was fast 60 Milliarden Euro entspricht je nachdem wie man die Ausgaben für die Beschäftigung berechnet, Dares, 2003), bleiben die Ergebnisse gemessen an Beschäftigungslage und Arbeitslosigkeit weiterhin enttäuschend, vor allem wenn man die Gesamtheit der Nebeneffekte, wie zum Beispiel Substitutions- und Mitnahmeeffekte berücksichtigt (Dares, 1997, Gautier, 1998).

Diese Kritik an der fehlenden Wirksamkeit hat den Wandel der Beschäftigungspolitik beeinflusst, wie er sich im Fünfjahresgesetz für Arbeit, Beschäftigung und Berufsbildung vom 20. Dezember 1993 niederschlägt. Insbesondere wurde

6 Im Sinne von Entscheidungsebenen für räumlich abgegrenzte Gebiete unterhalb der nationalen Ebene (A. d. Ü.).

in diesem Gesetz der Vorwurf formuliert, dass die herkömmliche Beschäftigungspolitik kurzfristige Ziele (Senkung der Arbeitslosigkeit) auf Kosten langfristiger Ziele (Schaffung von Arbeitsplätzen) bevorzugt habe.

In der Tat lässt sich seit ungefähr 10 Jahren feststellen, dass der Schwerpunkt nunmehr auf aktiven (insbesondere Senkung der Abgabenbelastung für die Arbeitgeber) und nicht mehr auf passiven Maßnahmen (Zahlung von Arbeitslosenentschädigung), die als wirtschaftlich nicht sehr effizient gelten, liegt. Aber diese Entscheidung bedingt eine Neudefinition des Geltungsbereichs der Arbeitslosenentschädigung (ca. 40 % aller Arbeitslosen beziehen eine Entschädigung), was angesichts der hohen durchschnittlichen Dauer der Arbeitslosigkeit die Entwicklung der sozialen Ausgrenzung begünstigt.

– Zur Gerechtigkeit: Dieser zweite Kritikpunkt muss im Lichte der keynesianischen Leitgedanken zur Rechtfertigung des Staatsinterventionismus und der Umverteilungspolitik gesehen werden, die an ihre Grenzen gestoßen sind. Seit zwanzig Jahren lässt sich in Frankreich eine erneute Öffnung der Lohnschere beobachten, während prekäre Situationen und soziale Ausgrenzung zunehmen. Gleichzeitig verursacht die Sozialpolitik widersinnige Effekte, die manche Personen dazu verleiten, eine schlecht bezahlte Beschäftigung nicht anzunehmen: ein demotivierender Effekt kommt zu den Schwelleneffekten hinzu, vor allem im Falle von Arbeitsverträgen für geringfügige Beschäftigung[7].

Im Widerspruch zu den anvisierten Zielen der Beschäftigungspolitik sind es insgesamt gesehen somit die am meisten benachteiligten Personen (d. h. die Zielgruppen der Beschäftigungspolitik), die die negativen Effekte der Prekarität und der Arbeitslosigkeit kumulieren.
Nachdem diese Kritikpunkte im Laufe der 90er Jahre ein gewisses Reifestadium erreicht hatten, haben sie einen allmählichen Wandel der Logik der *public policy* Maßnahmen bewirkt und somit nachhaltig den Ansatz der Beschäftigungspolitik im Sinne einer größeren Autonomie bei der Umsetzung der Maßnahmen auf lokaler Ebene verändert.

7 In diesem Fall führt die Annahme einer Beschäftigung zur Einstellung der Zahlung bestimmter sozialer Hilfen, wie z. B. der Wohnungsbeihilfe, die an den Bezug des Mindesteinkommens zur Eingliederung (RMI) gebunden ist. Diese Situation hat unter der Legislaturperiode zwischen 1997 und 2002 Anlass zu einer breiten Debatte gegeben und zur Einführung einer kompensatorischen Maßnahme, der sog. Prime Pour l'Emploi/PPE (Beschäftigungsprämie), aber die Schwelleneffekte waren den Regierungen sehr wohl bekannt und wurden von ihnen akzeptiert.

b) Konkrete Auswirkungen

Die Erkenntnis des Scheiterns der administrativen Vision der öffentlichen Beschäftigungspolitik, nach der Kategorien (Zielgruppen) definiert werden, auf die ein Bündel von Maßnahmen Anwendung findet (sog. zielgerichtete Maßnahmen) hat somit die Territorialisierung der Beschäftigungspolitik in Gang gesetzt und nicht die voraufgehenden Dezentralisierungsgesetze, selbst wenn diese in gewisser Weise dem öffentlichen lokalen Handeln eine gewisse Konsistenz gegeben haben[8].

Die Entscheidung zugunsten der Territorialisierung fiel Mitte der 90er Jahre, nicht zuletzt in der Folge der Veröffentlichung eines Berichts, der den Sinn der Beschäftigungsförderung schlechthin in Frage stellte (Bericht des Senates von Novelli-Péricart des Jahres 1996), der wiederum anknüpfte an eine Reihe von schon älteren Kritiken an der Organisation der öffentlichen Arbeitsverwaltung und der Arbeitsämter (Muller, 1991).

Als Antwort auf die Kritik an der Wirksamkeit der Beschäftigungspolitik wurde eine problemnähere Behandlung für die Zielgruppen vorgeschlagen: für ein Panel von 6 bestehenden, zielgruppenorientierten Maßnahmen wurden Globalbudgets eingeführt (der „contrat initiative-emploi“, die „stages d'accès à l'entreprise“ und „stages d'insertion et de formation à l'emploi“, der „contrat emploi-solidarité“ und der „contrat emploi ville“), wobei die Verantwortung für die Umsetzung dieser Maßnahmen den örtlichen Akteuren der Beschäftigungsförderung überlassen wurde, das heißt den Außenstellen des Arbeitsministeriums.

Diese Politik ist Ende der 90er Jahre in zwei Richtungen verstärkt worden:

- durch eine stärkere Verankerung des Solidaritätsgedankens in der Beschäftigungspolitik (soziale Betreuung schon vor der Arbeitsplatzsuche) im Einklang mit dem Tenor des Gesetzes gegen soziale Ausgrenzung aus dem Jahre 1998, um auf diese Weise die wirtschaftlichen Probleme zusammen mit den sozialen Problemen der betroffenen Personen behandeln zu können und somit den Verlauf der Eingliederung zu optimieren;

---

8 Streng genommen ist ein erster Maßnahmenkatalog, der die Aufteilung zwischen global und lokal hätte verändern können, seit den 80er Jahren in Kraft getreten, insbesondere als das nationale Amt für Statistik (INSEE) die „Beschäftigungszonen“ definiert hatte. Aber diese Maßnahmen haben die Rolle des Staates in der Beschäftigungspolitik nicht tiefgreifend verändert. Sie gehören somit nicht zum Bereich dessen, was hier als Territorialisierung definiert wurde. Beschäftigungspolitik bleibt auch heute noch eine Domäne des Zentralstaates, nur die Berufsbildungspolitik ist wirklich territorialisiert worden, denn sie gehört seit dem Fünfjahresgesetz von 1993 zum Kompetenzbereich der Regionen.

- durch Einführung einer stärkeren Ergebnisorientierung für das Handeln der Beschäftigten in der öffentlichen Arbeitsverwaltung, die die bisherige Fixierung auf die reine Mittelverwaltung ersetzt. Anstelle der traditionellen Quoten für in Maßnahmen befindliche Personen wurden den Dienststellen der Arbeitsverwaltung nun quantitative Zielgrößen in Bezug auf Senkung der Langzeitarbeitslosigkeit oder Verbesserung der Quoten für die Vermittlung in ein Beschäftigungsverhältnis binnen Jahresfrist vorgegeben.[9]

Dieser doppelte Ansatz (Globalisierung und Ergebnisorientierung) symbolisiert nach Meinung eines der verantwortlichen Akteure und des Staates eine echte Territorialisierungslogik (Mazel et alii, 2000).

Dieser Territorialisierungsansatz verbindet in der Tat zwei komplementäre Elemente: eine traditionelle Dekonzentrierungsmaßnahme und eine innovative Dezentralisierungsmaßnahme. (Vernaudon, 1996).

Erstere entspringt einer top down-Logik (Umsetzung von auf zentralstaatlicher oder europäischer Ebene beschlossenen Maßnahmen durch die Bediensteten der öffentlichen Arbeitsverwaltung auf lokaler Ebene), wohingegen die zweite einer bottom up-Logik folgt, indem lokale Initiativen unterstützt werden, was über die Beteiligung an den lokalen Instrumenten der Beschäftigungsförderung geschieht, die durch die Dezentralisierungsgesetze geschaffen worden sind (Mazel et alii, 2000). Sie setzt die Entwicklung von neuen spezifischen vertraglichen Regelungen auf der Ebene eines „territoire" voraus (Mazel et alii, 2000), sowie die Entwicklung einer Vorgehensweise, die auf dem Prinzip der Projektentwicklung beruht. Hierin unterscheidet sie sich von älteren Terrritorialisierungsansätzen, insofern sie Kriterien anwendet, die sich denjenigen annähert, die spezifisch für die Territorialisierung sind, wie sie in den Arbeiten von J. Perrat (2001a, 2001b) herausgearbeitet worden sind. Für Perrat verbindet die Territorialisierung zwei Instrumente: die vertragliche Regelung als juristische Grundlage und die Projektorientierung.

Dieser noch relativ neue Territorialisierungsansatz wirft zahlreiche Fragen auf, nämlich hinsichtlich seiner Effizienz (Welche Auswirkungen hat er auf die Akteure? Stellt er wirklich einen Anreiz für die Bediensteten der Arbeitsverwaltung dar?), und hinsichtlich seiner Aussichten auf Verstetigung, da angesichts einer nach wie vor anhaltenden Beschäftigungsflaute (Berthet et alii, 2001) die Innovationen in Sachen Beschäftigungspolitik nachlassen.

9 So z. B. im ministeriellen Runderlass n°2001/41 der Generaldirektion „Beschäftigung und Berufsbildung (DGEFP)" zum Thema „Territorialisierte Maßnahmen der öffentlichen Arbeitsverwaltung für 2002".

Diese, wenn auch wichtigen Fragen können erst nach einer Evaluierung der konkreten Praxis über einen längeren Zeitraum hinweg beantwortet werden. Unsere Fragestellung bezieht sich dagegen eher auf das Vorfeld der eigentlichen Evaluierung: Der eingeführte Territorialisierungsansatz stellt in grundsätzlicher Weise die Frage nach dem Sinn des öffentlichen Handelns und den Beziehungen, die der Staat mit den Individuen und den Entscheidungsebenen unterhalb der nationalen Ebene (den „territoires") unterhält.

2 Bewertung der Auswirkungen der Territorialisierung auf das öffentliche Handeln

Wie kann man die Auswirkungen der Territorialisierung auf die Individuen und das öffentliche Handeln messen? Man kann zwei Ebenen für die Analyse vorschlagen. Auf der ersten, von der Praxis inspirierten Ebene wird eine Offenlegung bestimmter Ergebnisse öffentlichen Handelns vorgeschlagen. Eine zweite, stärker theoretisch ausgerichtete Ebene zeigt, inwieweit der Territorialisierungsansatz in der Lage ist, die Konzeption des öffentlichen Handelns und dessen Repräsentation in der wirtschaftswissenschaftlichen Analyse zu beeinflussen.

Erste Ergebnisse der Territorialisierung

Wie bereits dargelegt, beinhaltet die Territorialisierung zwei unterschiedliche Logiken des Handelns, nämlich eine top down Logik und eine bottom up Logik. Es scheint nicht sinnvoll, noch einmal allgemein auf die bereits erwähnten grundsätzlichen Probleme einzugehen, die die top down Logik der Territorialisierung aufwirft (keine klare Trennung zwischen den Entscheidungsebenen, fehlende Präzision der zentralstaatlich vorgegebenen Normen). Diese Probleme betreffen letztendlich die vertikale Dimension des öffentlichen Handelns (der Übergang von der globalen zur lokalen Ebene) und werden in den europäischen Evaluierungen der lokalen Beschäftigungsstrategien aufgegriffen. Interessanter dürfte sein, die Beweggründe für die horizontale Dimension der Territorialisierung eingehender zu analysieren, denn diese betrifft die Art und Weise, wie Fragen der Territorialisierung definiert und angegangen werden.

Es muss davon ausgegangen werden, dass die verfügbaren Studien zur Territorialisierung öffentlicher Politik nur in beschränktem Umfang die horizontale Dimension berücksichtigen, da die Evaluierung oder Bewertung der lokalen

Beschäftigungspolitik sich fast ausschließlich nur für die Abstimmung zwischen der globalen und der lokalen Ebene interessiert, und zwar unter verschiedenen Aspekten, nämlich der Aufteilung der Kompetenzen, der Finanzierung und der Analyse der Umsetzung. Ein Grund für die Dominanz dieses Blickwinkels ist das Fehlen wirksamer konzeptioneller Instrumente, die es erlauben, öffentliches Handeln auf subnationaler Ebene zu analysieren.

Diese Instrumente existieren jedoch in benachbarten Wissenschaftsdisziplinen. In dieser Hinsicht schlägt die Industrieökonomik das umfassende Konzept der „Nähe“[10], vor, das vom Unternehmen und seinem Umfeld ausgeht. Die Verbindung zum „territoire“ und dem öffentlichen Handeln wird deutlich, wenn man in Betracht zieht, dass vor allem unter dem Flexibilitätsgebot (Perrat, 2001a) die Verantwortung für die Beschäftigung sich immer stärker dem Einflussbereich des Unternehmens entzieht. Indem sie sich den subnationalen Entscheidungsebenen zuwendet, unterwirft sich diese Verantwortung zwei Funktionsprinzipien: dem der Projektgebundenheit und dem Prinzip der Umsetzung der Projekte auf der Grundlage einer vertraglichen Regelung.

Diese beiden Prinzipien können nun die Analyse der Handlungslogik auf subnationaler Ebene leiten, indem sie gleichzeitig die Frage nach der Abstimmung zwischen den einzelnen subnationalen Entscheidungsebenen und der Definition der Abgrenzung der Kompetenzen stellen (Pecqueur, 2000, Knockaert et Maillefert, 2001, Garraud, 2000, Davezies, 1997)[11].

Wenn man diese Überlegungen auf den Bereich der Beschäftigungspolitik zu übertragen versucht, wird eine zu prüfende Hypothese erkennbar: die Fähigkeit der „territoires“, Normen zu produzieren (eine autonome Regulierung im Sinne von J. D. Reynaud) hängt unmittelbar vom Vorhandensein von Projekten ab, die die lokalen Akteure motivieren, z. B. Projekte wie die „Assises pour l'emploi“[12] oder der Bezug auf die nachhaltige Entwicklung in der Region Nord-Pas-de-Calais in Nordfrankreich.

Die theoretische Definition des „territoire“ wird nun präziser, vor allem in Abgrenzung zu der des Marktes, der in gewisser Weise die abstrakte Form eines Raumes darstellt, der von der abstrakten und undifferenzierten Logik des Wett-

10 Diese wird vom Standpunkt des Unternehmens her definiert als die Verbindung von vier Formen der Nähe: der technologischen Nähe (Produktionstechniken der Unternehmen), der organisatorischen Nähe (Einsatz von Arbeitskräften in den Unternehmen), der institutionellen Nähe (Regeln und Normen) und der geographischen Nähe.

11 Im Bereich der „governance“ zeigt Perrat (2001a) z. B., wie die Konzertierung den Platz des Aushandelns einzunehmen scheint.

12 Regionale Konferenz mit unterschiedlichen Akteursgruppen zur umfassenden Bestandsaufnahme in Sachen Beschäftigungssituation (A. d. Ü.)

bewerbs strukturiert wird. Das „territoire“ ist demgegenüber ein Raum, der zwei Eigenschaften miteinander verbindet : eine lokale Funktionsweise, die eindeutig verorteten Akteuren eigen ist und die durch ein kollektives Projekt und ein partnerschaftliches Handeln strukturiert ist.

Wenn man auf diese Weise den Ansatz der Territorialisierung definiert, akzeptiert man implizit eine lokale Ausprägung der Variablen, die jedes *territoire* kennzeichnen. Demnach ist der Territorialisierungsansatz auch Wegbereiter eines Wandels in der Konzeption der Rolle des öffentlichen Handelns und des Staates, und zwar entgegen der rein administrativen Logik, nach der universelle Maßnahmen nach abstrakten Kategorien beschlossen werden.

Territorialisierung und öffentliches Handeln

In dem Maße, wie der Territorialisierungsansatz andere Konzeptionen des Staates und des öffentlichen Handelns hervorbringt, sofern er sich nicht auf eine vertikale Betrachtungsweise beschränkt, hinterfragt er auch das konzeptionelle Analyseinstrumentarium für öffentliches Handeln und stellt die dieses Handeln leitenden traditionellen Grundannahmen in Frage.

Bevor man eine Reform in Augenschein nimmt, muss die Kritik an der Politik und den Lösungen, die sie bislang versucht hat, verdeutlicht werden. Diese bereits erwähnten Kritikpunkte können mit Hilfe einer Kategorisierung der Ziele, der Mittel und der Ergebnisse der Maßnahmen für die Beschäftigung zusammenfassend dargestellt werden. (Schaubild 2)[13].

13 Die Kategorienbildung orientiert sich an den Überlegungen von Salais (1998).

Schaubild 2: Kritikpunkte an der keynesianischen Beschäftigungspolitik

Charakteristika des öffentlichen Handelns	Charakteristika der Beschäftigungspolitik im Kontext der keynesianischen Staatstätigkeit	Kritikpunkte
Definition/Realisierung des Gemeinwohls	Statistisch definierte Vollbeschäftigung (Beveridge-Kurve)	Unerreichbarkeit des Ziels (Anstieg der Arbeitslosigkeit, Langzeitarbeitslosigkeit). Die soziale Behandlung der Arbeitslosigkeit droht die Segmentierung zu verstärken (Aucouturier, 1998)
Beziehung zwischen dem individuellen Handeln und dem Gemeinwohl	Aktive Suche nach Beschäftigung	Platzierung der Arbeitslosen in Maßnahmen und Verpflichtung für die öffentliche Arbeitsverwaltung, eine große Zahl von Arbeitslosen zu platzieren
Grundsatz der Rechtfertigung des öffentlichen Handelns	Unfreiwillige Arbeitslosigkeit Grundsatz der Umverteilung des Reichtums	Fehlende Gleichbehandlung in den Maßnahmen (Selektion der Arbeitslosen; Qualifizierungsmaßnahmen als verkappte Warteschleifen)
Logik des individuellen Handelns	Rationalität	Abdriften in rein ökonomische Berechnung oder in eine Logik des Mitfühlens (unabhängig von den Individuen definierte Interessen, z. B. die Frage der sozialen Ausgrenzung)
Staatsnorm (Beziehung zwischen der kollektiven Maßnahme und dem Gemeinwohl)	Staat bleibt außen vor (das Gemeinwohl wird außerhalb der kollektiven Maßnahme definiert. Staat als wohlwollender Diktator)	Ineffizienz des Staates. Abdriften in Bürokratie

Angesichts dieser Kritik evaluiert der Staat seine Maßnahmen. Aber in Anbetracht des fortdauernden Misserfolgs der Politik scheinen die Antworten unzureichend. Es ist erforderlich, über eine simple Reform der bestehenden Praxis hinauszugehen und eine neue Funktionsweise zu konzipieren, die eher mit den Beweggründen für den horizontalen Ansatz vereinbar ist.

Bestimmte Elemente dieses Ansatzes sind bereits auf einer rein philosophischen Ebene vorhanden. In einer wegweisenden Arbeit hat Millon-Delsol (1992)

den Begriff vom subsidiären Staat geprägt, aber die Bedeutung des Begriffs bleibt vage. Ihr Ansatz kann jedenfalls einen Ausgangspunkt bilden, auch wenn die ökonomischen Charakteristika des Modells nicht explizit entwickelt worden sind und die Begriffe selbst nicht eindeutig sind. Im folgenden soll versucht werden, die ökonomischen Elemente dieses Ansatzes zu bewerten.

Zunächst muss festgehalten werden, dass der subsidiäre Staat weder der Staat im keynesianischen noch der Staat im liberalen Sinn ist : er unterscheidet sich vom keynesianischen Staatsverständnis durch die Begrenzung des Interventionsradius. Im subsidiären Staat beschränkt sich die Intervention auf Fälle, in denen die Fähigkeiten der Individuen unzureichend entwickelt sind und unterstützt werden müssen. Subsidiarität bedeutet nicht, dass auf Intervention verzichtet wird. Der subsidiäre Staat unterscheidet sich vom liberalen Staat eben dadurch, dass er einen Verzicht auf Interventionen seitens der öffentlichen Hand ablehnt.

Jedoch zeigt diese Charakterisierung des Staates nicht, wie er intervenieren soll und wie das öffentliche Handeln endogen (und territorialisiert) werden kann, anstatt exogen im Verhältnis zu den Individuen zu bleiben.

In dieser Hinsicht erlauben die Arbeiten von Sen (1993, 1999, 2000) und insbesondere der Rückgriff auf die Konzepte von „Fähigkeit“ und „Engagement“ eine Reflexion über die mögliche Beschaffenheit des öffentlichen Handelns. Im Sinne der Arbeiten von Sen hat öffentliches Handeln zum Ziel, den Individuen zu erlauben, ihre Fähigkeiten zu verbessern und ihre Wahlmöglichkeiten zu erweitern, anstatt sie in einem begrenzten Raum wählen zu lassen und nicht erreichbare Optionen zu ignorieren. Die praktischen Anwendungsmöglichkeiten des Befähigungsprinzips lassen sich sehr einfach in den Politikformen finden, die sich unmittelbar an die Individuen richten und ihnen angepasste Entwicklungspfade anbieten (Farvaque, 2002). Aber der im engeren Sinne territoriale Aspekt dieser Politik und die Form, die das öffentliche Handeln darin annehmen könnte, sind noch wenig untersucht. Der Stand der Überlegungen über die Entwicklung des öffentlichen Handelns ist im Schaubild 3 zusammengefasst. Es greift die analytischen Kategorien des zweiten Schaubilds auf und bemüht sich, Antworten der Politik und der damit verbundenen Problematiken zu veranschaulichen.

Schaubild 3: Überlegungen zur Entwicklung der Praxis und der Modelle öffentlichen Handelns

Charakteristika des öffentlichen Handelns	Entwicklung der Praxis der öffentlichen Politik	Neue Problematisierungen
Definition/Realisierung des Gemeinwohls	Differenzierung der Zielgruppen, Einschreiten schon im Vorfeld der sozialen Ausgrenzung. Globalisierung (Mazel et alii, 2000)	Übergang von einer statischen (Eingliederung) zu einer dynamischen (Bildungs- und Beschäftigungsverlauf) Konzeption
Beziehung zwischen dem individuellen Handeln und dem Gemeinwohl	Zielvorgaben für die Verringerung der Zahlen bestimmter Kategorien von Arbeitslosen.	Projektorientierung. Notwendigkeit der Planung eines Eingliederungsverlaufs (Aktivierung der Fähigkeiten)
Grundsatz der Rechtfertigung des öffentlichen Handelns	Verfeinerung der Maßnahmen. Territorialisierung und Autonomisierung des lokalen öffentlichen Handelns	Individualisierte, transversale und territorialisierte Vorgehensweise, Beispiel: Missions Locales (Farvaque, 2002) Definition einer autonomen territorialen Dimension
Logik des individuellen Handelns	Den Einsatz einer Maßnahme verstehen	Engagement anstelle von Mitgefühl (Sen)
Staatsnorm (Beziehung zwischen der kollektiven Maßnahme und dem Gemeinwohl)	Kollektive Erstellung des Gemeinwohls	Ex post Bewertung. Förderung von intermediären Ebenen (*territoires*, gesellschaftliche Gruppen) Subsidiärer Staat (Millon-Delsol, 1992)

Man sieht deutlich, dass es eine Reihe von wichtigen Berührungspunkten mit der Problematik der Territorialisierung gibt, aber die Konzeptualisierung steckt noch im Anfangsstadium.

Schlussfolgerung

Seit ca. 20 Jahren entwickelt sich die Kritik am Staat und seinen Handlungsmöglichkeiten. Im Bereich der Beschäftigungspolitik hat diese Kritik die Entwicklung einer Territorialisierungsstrategie (Dekonzentration und Dezentralisierung) zur Folge, die sich auf das Instrument der Globalisierung von Maßnahmen und die Einführung von Zielvorgaben stützt. Die Stellung und Funktion der subnationalen Entscheidungsebene sind in den beiden Fällen sehr unterschiedlich.

Im Rahmen der Territorialisierung bleibt die Vorgehensweise vertikal, wohingegen im Rahmen der Politik der subnationalen Entscheidungsebenen die Vorgehensweise stärker autonom ist. Es geht vor allem um ein aktualisiertes Verständnis der Grundsätze des öffentlichen Handelns, das grundlegend überkommene *acquis* und Grundannahmen in Frage stellt. Jedoch sind diese (neuen) Grundsätze des öffentlichen Handelns weit davon entfernt, durch eine einheitliche theoretische Fundierung gesichert zu sein. Sie beruhen vielmehr auf einer Vielzahl von heterogenen Konzepten, die noch im Entstehen begriffen sind.

Aus dem Französischen übersetzt von Werner Zettelmeier

Literatur

Beauviala C., Saillard Y (1997): Les dispositifs institutionnels locaux de l'emploi. Le cas Grenoblois, Rapport pour le Plan Urbain, Grenoble

Beauviala-Ripert C, Saillard Y., Ternaux P., (1997): Territoire et politiques publiques de l'emploi. Pour une analyse locale de l'emploi, Espaces et sociétés, n°88-89, S. 237-258

Berthet Th., Cuntigh P., Guitton C. (Hrsg.) (2001): Politiques d'emploi et territoires, CERVL-CEREQ (Studie für die DARES)

Bessy Ch., Eymard-Duvernay F., Gomel B., Simonin B. (1995): Les politiques d'emploi: le rôle des acteurs locaux, cahiers du CEE, n°34, S. 3-34

Commission Européenne (1999): Guide des Pactes territoriaux pour l'emploi 2000-2006

Commission Européenne (2000): Agir au niveau local pour l'emploi, donner une dimension locale à la stratégie européenne pour l'emploi. COM (2000)

Commission Européenne (2002): Evaluation de la stratégie européenne pour l'emploi. France

Dares (1996): Quarante ans de politique d'emploi, La documentation française, S. 367

Dares (1997): La politique de l'emploi, Paris

Dares (2003): Les politiques de l'emploi et du marché du travail, Paris

Davezies L. (1997): Intégration économique internationale et cohésion interrégionale en Europe: le problème de la gestion des échelles géographiques, in Les découpages du territoire, entretiens J Cartier, Insee Méthodes, n° 76-77-78, S. 267-278

Eymard-Duvernay F., Geslot P (2000): L'acteur public local: l'exemple des politiques d'insertion, in Serverin E., Berthoud A. (Hrsg.), La production des normes entre Etat et société civile, L'Harmattan, S. 175-208

Farvaque N. (2002): Le déploiement local de l'action publique en faveur de l'insertion des jeunes: le rôle des dispositifs. Le cas d'une mission locale, Communication aux deuxièmes rencontres inter-universitaires de l'économie sociale et solidaire, Lyon, 5-7 février

Foucauld J. B. (de), Thévenot L. (1995): Evolution des politiques sociales et transformation de l'action publique, cahiers du CEE, n°34, S. 329-349

Garcette D., Léval G. (1998): Agir pour l'emploi en région. L'expérience novatrice du Nord-Pas-de-Calais, Syros

Garraud Ph. (2001): Le chômage et l'action publique, Paris

Guillon R. (1998): Réglementation et inscription territoriale du travail. Associations et syndicats dans l'action locale pour l'emploi, Espaces et sociétés, n°92-93, S. 85-108

Knockaert S., Maillefert M. (2001): L'inscription territoriale des politiques publiques d'emploi, 37ème colloque de l'ASRDLF, Bordeaux 3-5 septembre

Lamotte B. (1998): Négocier l'emploi, une dynamique territoriale?, Espaces et sociétés, n°92-93, S. 17-42

Legay A, Montchatre S. (2000): L'ANPE à l'épreuve du local, Travail et emploi, n°81, janv., S. 41-51

Madiot Y (1993): L'aménagement du territoire, Masson, 2ème éd, S. 216

Maillefert M. (2002): Représentations et action: de l'action collective à la politique publique, note pour l'obtention de l'HDR, Université Paris X

Maillefert M. (2003): Politique de l'emploi et territorialisation, Allemagne d'Aujourd'hui, n°163, janv., S. 62-78

Mazel O., Bossard A., Vazard P. (2000): Accentuation, en 1999, de la démarche de territorialisation des politiques d'emploi, Bilan de la politique de l'emploi en 1999, La documentation française, S. 23-29

Millon-Delsol C (1992): L'Etat subsidiaire, Paris

Ministère de l'emploi et de la solidarité (2000): Fonds Social Européen en France objectif 3 2000-2006, texte du DOCUP

Ministère du Travail et des Affaires Sociales (1996): Politiques d'emploi et territoires, actes des rencontres du 13 janvier 1995, La documentation française

Muller M. (1991): Le pointage ou le placement: histoire de l'ANPE, Paris

Pecqueur B. (2000): Le développement local, Syros, 2ème ed, S. 130

Perrat J. (2001a): Travail et territoire: des influences réciproques instructives, 37ème colloque de l'ADSRLF, Bordeaux, 3-5 septembre

Perrat J. (2001b): Du rapport salarial à la relation d'emploi locale: les implications d'un changement d'échelle, Forum de la régulation, Paris, 11-12 octobre

Perret B. (2001): L'évaluation des politiques publiques, Paris

Rapport Mauroy (2000): Refonder l'action publique locale, rapport au premier Ministre

Salais R (1998): A la recherche du fondement conventionnel des institutions, in Salais R, Chatel E, Rivaud-Danset (dirs), Institutions et conventions, raisons pratiques, EHESS, S. 255-292

Salais R. (2000): Emploi, conventions et territoire: quelques remarques, in Perrin E., Rousier N. (Hrsg.), Ville et Emploi. Le territoire au cœur des nouvelles formes de travail, Les éditions de l'Aube, S. 405-411

Sen A (1993): Ethique et économie, Paris

Sen A (1999): L'économie est une science morale, Paris

Sen A (2000): Repenser l'inégalité, Paris

Simonin B. (2000a): Politique de l'emploi et territoires: de nouvelles capacités d'action partenariale, in Perrin E., Rousier N. (dirs), Ville et Emploi. Le territoire au cœur des nouvelles formes de travail, Les éditions de l'Aube, S. 335-349

Simonin B. (2000b): Politiques de l'emploi: la territorialisation en chantier, CEE 4 pages n°41, sept-oct.

Ten consultant (1996): L'implication des collectivités territoriales dans la lutte contre le chômage: une approche monographique, in collectivités locales et lutte contre le chômage, Cahier travail et emploi, La documentation française, S. 31-112

Union Européenne (1999): L'emploi et le développement des ressources humaines à travers l'Union Européenne 1994-1999. Le Fonds Social Européen. Document en ligne (www.europa.eu.int/comm/dg05/esf/en/public/brochure/brochfr.htm)

Verdier E (1996): A propos de nouveaux acteurs pour l'emploi, in Ministère du Travail et des Affaires Sociales (1996), Politiques d'emploi et territoires, actes des rencontres du 13 janvier 1995, La documentation française, S. 213-223

Vernaudon D. (1996): Les principaux enseignements, in collectivités locales et lutte contre le chômage, Cahier travail et emploi, La documentation française, S. 15-29

III Europa

Ergebnisse einer Literaturstudie zur kommunalen Beschäftigungspolitik in ausgewählten Ländern der Europäischen Union

Leo Kißler, Karsten Schneider

Der folgende Beitrag basiert auf einer Literaturstudie, die von den Autoren im Auftrag der Hans Böckler Stiftung durchgeführt wurde. Anlass unseres Berichtes war die Fülle an existierender Literatur, wir wollten „etwas Licht in den Dschungel bringen". Es ging zum einen darum, festzustellen, welche Ergebnisse bereits vorliegen und wo zum anderen noch Forschungsbedarf besteht. Ausgewertet haben wir Arbeiten bzw. Dokumente, die in fünf verschiedenen Zusammenhängen entstanden sind. Zunächst wird die Haltung der EU-Kommission zum Thema vorgestellt. Im zweiten Schritt ist die breit angelegte und verdienstvolle vergleichende Untersuchung der Europäischen Stiftung zur Verbesserung der Lebens- und Arbeitsbedingungen zu referieren. Anschließend wird eine stärker politikwissenschaftliche Untersuchung, die Forscherteams aus der Schweiz, aus Frankreich, Italien und Deutschland im Auftrag der Europäischen Kommission durchgeführt haben, dargestellt. Abschließend sind noch zwei deutsche Forscherteams zu nennen, welche die Auswirkungen der durch die EU geförderten „Territorialen Beschäftigungspakte" anhand von Fallstudien auswerten.

Vorgestellt werden im Folgenden nur zentrale Ergebnisse. Wer mehr Details wissen möchte, dem stellen wir gerne unseren Bericht zur Verfügung; in dem Bericht werden auch die Originalquellen, andere Arbeiten zum Thema und relevante Internetseiten genannt (vgl. Kißler/Schneider 2003). Abschließend werden die wichtigsten Ergebnisse zusammengefasst und offene Fragestellungen skizziert.

Die Haltung der EU-Kommission

Die Europäische Kommission will auf das Problem einer strukturellen Beschäftigungslücke anders reagieren als es von der OECD empfohlen wird, es gerade in

Deutschland Praxis ist und wohl noch stärker wird (Stichwort „Hartz-Reform"). Während die OECD empfiehlt, die *Vermittlung zu verbessern*, vertritt die EU-Kommission die Position, dass es zur Schließung der *strukturellen Beschäftigungslücke* vor allem *mehr Beschäftigungsangebote* bedarf, um dies zu erreichen werden zum Beispiel durch den Europäischen Sozialfonds „Territoriale Beschäftigungspakte" gefördert. In ihrem Papier „Acting Locally for Employment" aus dem Jahr 2000 hat die Kommission angeregt, dass alle relevanten Akteure, also die Kommunal- und Arbeitsverwaltungen, die Politik, die Wirtschaft, der dritte Sektor, die Gewerkschaften und Arbeitgeberverbände *lokale Partnerschaften* zur Entwicklung integrierter Strategien bilden sollen.

Als besonderes Problem hat die Europäische Kommission in diesem Zusammenhang den *Koordinierungsbedarf* angesichts komplexer Probleme und zahlreicher Akteure, welche sich zudem durch unterschiedliche Interessen auszeichnen, ausgemacht.

Die Bestandsaufnahme der Europäischen Stiftung

Auch die Europäische Stiftung, die für alle Staaten der EU jeweils eine umfangreiche Länderstudie und eine auf diesen basierende Überblicksstudie veröffentlicht hat, begreift Koordination von Beschäftigungs- und Wohlfahrtspolitik als eines der größten Probleme.
Unabhängig davon, wie sich die nationalen Regelungen zur Wohlfahrts- und Beschäftigungspolitik unterscheiden, ob sie also

- insgesamt nur schwach ausgeprägt (mediterranes Modell),
- versicherungsbasiert oder
- von den Leistungen bzw. der Leistungsfähigkeit des Einzelnen unabhängig sind,

gibt es dieses Koordinationsproblem. Es steht auch nicht in Zusammenhang damit, wie weit Aufgaben auf die lokaler Ebene übertragen wurden (zumindest nicht direkt, denn es gibt durchaus Anzeichen dafür, dass selbst in traditionell zentralistischen Ländern die Probleme der Beschäftigungspolitik aus gutem Grund zunehmend vor Ort bearbeitet werden).

Als *Hauptprobleme* wurden überall festgestellt, dass es

- zu einer stetigen Vergrößerung der *Langzeitarbeitslosigkeit* kommt [Beispiel: Während es in Frankreich 1988 400.000 Mindesteinkommensbezieher gab, sind es mittlerweile über ein Million.], welche andere als die traditionellen verwaltungsmäßigen Lösungen erfordern,
- zu einer Zunahme der Zahl derjenigen, die nur *schwer zu vermitteln* sind, kommt (was die Notwendigkeit der Koordination von Wohlfahrts- und Beschäftigungspolitik unterstreicht) und
- eine zentralstaatliche Lösung den Problemen nicht gerecht wird, sondern es *einer lokalen Verfahrensweise bedarf.*

Obwohl also Koordination zunehmend als Problemlösungsinstrument gesehen wird, werden auch einige Gefahren gesehen. Koordination ist nicht per se positiv:

- Soziale und ökonomische Verhältnisse lassen sich nicht beliebig gestalten,
- es kann einerseits zu einer Betonung von Ausgrenzung kommen, andererseits können Probleme verschoben werden [Beispiele: In Portugal wurde eine Kommission geschaffen, der alle fünf beteiligten Ministerien angehören und zu einer koordinierten Politik beitragen soll. In Frankreich wurde eine interministerielle Arbeitsgruppe eingerichtet, um disziplinäre Grenzen zu überschreiten, was wegen ausgeprägtem Ressortdenken aber gescheitert ist.],
- außerdem bringt Dezentralisierung immer die Gefahr sozialer Ungleichheit mit sich.

Auf der nationalstaatlichen Ebene können zwei Haupttypen integrierter Politik unterschieden werden, nämlich eine veränderte Planungspolitik (dazu tragen z. B. auch die Nationalen Aktionspläne bei) und eine Veränderung von Koordinationsstrukturen (interministerielle Arbeitsgruppen, Kommissionen usw.).

Die *Koordinierung von staatlicher und lokaler Ebene* ist in den EU-Mitgliedsstaaten sehr unterschiedlich ausgestaltet. In einigen Ländern wird die lokale Verantwortung gestärkt, zum Teil finden sich *in ein und dem selben Land unterschiedliche Tendenzen.* [Ein Beispiel dafür: Im Rahmen der Mindesteinkommensregelung RMI in Frankreich soll es zur Kooperation der Präfekten (Vertreter der Zentralregierung) und dem Regionalparlaments-Präsidenten kommen, faktisch hängt das Maß und die Qualität aber sehr von den handelnden Personen ab.]
Die Koordinierung auf der lokalen Ebene stellt sich gleichfalls als sehr differenziert und komplex dar. Grob lassen sich drei verschiedene Formen unterscheiden:

- Vielfach kommt es zur Definition *neuer (rechtlicher) Rahmenbedingungen*, welche zum Beispiel experimentelle Veränderungen (der Kooperation) fördern. Die Zentralregierung fungiert hier als Motor der Koordination. (Diese Handlungsweise entspricht den Intentionen der EU-Kommission, welche Rahmenbedingungen für lokale Koordination schaffen will.) [Ein Beispiel dafür: Die Kooperation deutscher Arbeitsämtern mit den Kommunalverwaltung und Dritten wurde per Gesetz ermöglicht, allerdings sind die Erfolge eher Ergebnis der größeren Autonomie der Arbeitsämter.]
- Häufig werden auch *neue Institutionen* eingeführt. Zum Teil geschieht die, indem tatsächlich neue Einrichtungen geschaffen werden, zum Teil aber auch durch die Veränderung bestehender. Auch hier ist die Zentralregierung meist der Initiator.
- Die Koordination *über bestehende Organisationsgrenzen hinweg* markiert die dritte Variante. Auch hier übernimmt die nationale Regierung eine wichtige Rolle, indem sie politische und rechtliche Rahmenbedingungen gestaltet.

Weitere Aspekte, welche in der Studie der Europäischen Stiftung deutlich wurden, sind:

- Unter den Akteuren der lokalen Ebene (Kommunalverwaltung, Arbeitsverwaltung, Gewerkschaften) verhalten sich insbesondere *Unternehmen, Kammern bzw. lokale Unternehmervereinigung* in Bezug auf integrierte Beschäftigungspolitik *distanziert.*
- Bei der *Kooperation von Arbeitsämtern und Kommunalverwaltungen* gibt es drei Probleme, die Arbeitsämter sehen die Tätigkeit der Kommunalverwaltung zum Teil als Bedrohung, die Ressourcenausstattung ist sehr unterschiedlich, zumeist sind die Kommunen weitaus schlechter ausgestattet, außerdem gibt es unterschiedliche Auffassungen, wie beschäftigungspolitische Aufgaben zu definieren sind.
- Die *Rolle privater Akteure* (Non-Profit-Organisationen usw.) variieren von weitgehender Kontrolle, ohne dass die Interessen des Auftraggebers beachtet werden, bis zur reinen Ausführung von Aufträgen, ohne dass die Erfahrungen an den Auftraggeber weitergegeben werden.
- Der *Grad an staatlicher (Ko-) Finanzierung* steht in engem Zusammenhang mit staatlicher Einflussnahme. Je mehr der Staat aber auf die vertikale Koordination Einfluss nimmt, desto zurückhaltender wird die beschäftigungspolitische Politik auf lokaler Ebene aber umgesetzt. Auch wenn die Autoren der Studie es nicht explizit so nennen, wird hier ein *Dilemma* deutlich, dass

staatliches Geld zwar dringend benötigt wird, aber letztendlich negativ wirkt, wenn es tatsächlich zur Verfügung gestellt wird.

Eine vergleichende Untersuchung zur sozialen Integration in Europa

Vier Forscherteams aus Frankreich, Deutschland, Italien und der Schweiz sind zu folgenden Ergebnissen gekommen:

- Dezentralisierung wird überwiegend durch nationale oder EU-Initiativen eingeleitet und geht häufig nicht unmittelbar von der lokalen Ebene aus
- es bilden sich qualitativ neue Instrumente heraus (Fallmanagement, neue vermittelnde Instanzen usw.),
- der Tripartismus (und damit Gewerkschaften) verlieren an Bedeutung, wichtiger werden direkte Kontakte von Arbeitsverwaltung und Unternehmen bzw. Non-Profit-Organisationen,
- im Rahmen der an Bedeutung gewinnenden Kooperation stellen sich unterschiedliche Handlungslogiken (z. B. von drittem Sektor und Privatwirtschaft) als problematisch bei der Definition gemeinsamer Ziele heraus,
- bestehende Netzwerke sind eher management- als partizipationsorientiert.

Das Team hat darüber hinaus eine Typologie verschiedener Kooperationsarrangements entwickelt:

- Häufig gibt es Aktivitäten, welche Nachfrage und Angebot passend machen sollen, das heißt es geht um die Qualifikation der Arbeitslosen für den Arbeitsmarkt.
- Zum Teil ist Beschäftigungspolitik Teil einer weitergehenden Regionalentwicklung, welche regionale Wettbewerbs- und Lernfähigkeit mit einer bürgerschaftlichem Engagement verknüpft.
- In anderen Fällen sollen neue Dienstleistungen bzw. Produkte entwickelt werden und zeitlich befristete Beschäftigung sowie Qualifizierung verknüpfen (diese Fälle gibt es allerdings auch in weniger ambitionierter Form, so dass Arbeitslose in der Regel nicht effektiv auf den ersten Arbeitsmarkt vorbereitet werden).

„Territoriale Beschäftigungspakte“ im europäischen Vergleich

Zwei deutsche Forscherteams habe die bereits genannten von 1998 bis 2001 durch die EU geförderten „Territorialen Beschäftigungspakte“ untersucht. Die Bremer Gruppe kommt zu dem Ergebnis, dass die Pakte nach EU Kriterien als eher nicht erfolgreich zu bezeichnen sind, insbesondere gelang es (in den untersuchten sechs Fallstudien) praktisch nicht, Unternehmen oder Non-Profit-Organisationen einzubinden. Als Erfolgsbedingung wird identifiziert, dass bereits ganz zu Beginn alle relevanten Entscheidungsträger eingebunden werden müssen.

Die Tübinger Gruppe identifizieren drei Probleme: Die Erfolgschance von Pakten sinkt, wenn keine neuen Ressourcen mobilisiert werden können, innovative Maßnahmen (Technik, Wissensmanagement usw.) sind nicht a priori erfolgreicher als traditionelle und auch insgesamt lässt sich nicht zeigen, dass Pakte bessere Erfolge vorzuweisen haben als die bisherige Politik.

Zentrale Ergebnisse der ausgewerteten Literatur

Zusammenfassend lassen sich folgende zentrale Ergebnisse festhalten:

- Ein hohes Maß an staatlicher Kontrolle (welche z. B. vermittelt über Ressourcen wirksam wird) reduziert die Erfolgswahrscheinlichkeit beschäftigungspolitischer Maßnahmen auf der lokalen Ebene,
- beim fachlichen Vorgehen auf lokaler Ebene besteht ein hohes Maß an Einheitlichkeit, insbesondere Fallmanagement, enge Kooperation mit Arbeitgebern und die Nutzung der besonderen Kenntnisse der örtlichen Situation sind praktisch flächendeckend zu beobachten,
- der Abstand der verschiedenen Ebenen im Mehrebenensystem reduziert sich, insbesondere die lokale Ebene gewinnt an Bedeutung,
- die von der EU geförderten „Territorialen Beschäftigungspakte“ konnten keine besonderen Erfolge verzeichnen.

Offene Fragestellungen

- Vor diesem Hintergrund kann die Aussage, dass ein hohes Niveau staatlicher Kontrolle die Wirksamkeit beschäftigungspolitischer Maßnahmen reduziert, als gesichert gelten. Es bedarf also neuer „weicher" Formen der Koordination. Während es relativ viele Fallstudien zur Koordination und Kooperation auf lokaler Ebene gibt, fehlt es gegenwärtig offenbar insbesondere an gesicherten Antworten auf die Frage, wie es im Mehrebensystem zur Koordination von Vorstellungen und Interessen im Politikfeld „lokale Beschäftigungspolitik" kommt.
- Hieran schließt sich die Frage an, wie verschiedene Formen der Koordination und des Vertrauensaufbaus (insbesondere auch auf der lokalen Ebene selbst) sich empirisch auf der Akteursebene vollzogen haben bzw. vollziehen, wie also der Prozess der Entstehung eines neuen Politikfeldes sich in den Kommunen gestaltet hat. Aus theoretischer Perspektive lassen sich die in den Kommunen vorfindbaren Formen der Selbstorganisation im Rahmen verschiedener Modelle beschreiben. Fraglich ist, ob in der Praxis verschiedene Formen und Erfolgsbedingungen identifiziert werden können.
- Woran es aber insbesondere zu fehlen scheint, ist eine größere quantitative Untersuchung zu den Fragen,

  - welche praktische Relevanz verschiedene Formen der Koordination in den einzelnen Mitgliedsstaaten besitzen,
  - was die Erfolgsbedingungen für wirkungsvolle Formen der lokalen Beschäftigungspolitik sind, also ob z. B. eher Strukturen oder Personen von Bedeutung sind,
  - ob die in den Fallstudien und von der Innovationsforschung identifizierte Bedeutung der möglichst frühen Einbindung aller relevanten Akteure sich bestätigten lässt,
  - welche Bedeutung die Größe einer Gemeinde bzw. einer Region für den Erfolg der Politik hat und
  - welche Bedeutung der Grad an Politikverflechtung in Bezug auf Partizipation, Innovation und Koordination hat.

Forschungsdesiderate bestehen also auf drei Ebenen: Erstens bei der vertikalen Koordination und Steuerung, zweitens bei den Formen bzw. dem Prozessverlauf der Selbstorganisation auf der lokalen Ebene und drittens in Bezug auf fehlende repräsentative Aussagen zur Implementation und Entwicklung des Politikfeldes „lokale Beschäftigungspolitik".

Literatur

Kißler, Leo/Schneider, Karsten 2003: Integrierte kommunale Beschäftigungspolitik im europäischen Vergleich. Marburg/Kassel 2003 (hektographiertes Manuskript)

Beschäftigungspolitik auf kommunaler Ebene – Grundelemente eines deutsch-französischen Vergleichs

Peter Jansen

Einleitung

Die Beiträge dieses Tagungsbandes stammen überwiegend aus der Feder von Praktikern, die mit allen Details der Materie vertraut sind. Dazu gehört auch die Kenntnis der nationalen Rahmenbedingungen, die in Frankreich zur *Territorialisierung* und in Deutschland zur *Kommunalisierung* der Beschäftigungspolitik geführt haben, die in der *lokalen Beschäftigungspolitik* (Bezug auf eine geografisch eingegrenzte Einheit) ihren gemeinsamen Nenner haben.

Bei dem Versuch, Gemeinsamkeiten und Unterschiede der diesseits und jenseits des Rheins verfolgten Ansätze herauszuarbeiten, sollen die Intentionen der *lokalen Beschäftigungspolitik* (1) und die strukturellen Handlungsvoraussetzungen von Kommunen und anderen Gebietskörperschaften (2) betrachtet werden. Hier lässt sich aufzeigen, dass in Deutschland und Frankreich „Dysfunktionalitäten" der nationalen Arbeitsmarktpolitik die zentrale Triebfeder für die Suche nach problemnahen, „lokalen" beschäftigungspolitischen Ansätzen bilden. Deren konkrete Ausgestaltung hängt in beiden Ländern direkt mit dem Zuschnitt kommunalpolitischer Zuständigkeiten zusammen. Ob das Ziel problemnaher, passgenauer Lösungen zur beruflichen Wiedereingliederung von spezifischen Problemgruppen des Arbeitsmarktes mit den jeweils zur Verfügung stehenden Instrumenten eingelöst werden kann (3), bleibt indes fraglich. Nicht zuletzt deshalb verschärft sich das Tempo arbeitsmarktpolitischer Reformen, die mit „Zuckerbrot und Peitsche"[1] arbeiten, die neudeutsch in die Formel von „Fördern und Fordern" gekleidet werden.

Das im Juli 2004 in Deutschland verabschiedete „Vierte Gesetz für moderne Dienstleistungen am Arbeitsmarkt" (Hartz IV) beinhaltet Weichenstellungen, mit

1 Einerseits werden in Deutschland und Frankreich individuell zugeschnittene „Wiedereingliederungsverträge" angeboten und andererseits operieren beide Länder mit einer Verkürzung der Dauer des Anspruchs auf Arbeitslosengeld und anderen finanziellen Restriktionen, um ökonomische Anreize zur Wiederaufnahme einer Arbeit zu schaffen.

denen die strukturellen beschäftigungspolitischen Unterschiede zwischen Deutschland und Frankreich eingeebnet werden. Aber treten deshalb in Deutschland französische Verhältnisse ein? Diese Frage wird abschließend (4) zu erörtern sein.

1 Intentionen der lokalen Beschäftigungspolitik

Aktuelle sozialstaatliche Vorstellungen ordnen dem Staat eine arbeitsmarktpolitische Verantwortung zu. Die Frage, ob Verfassungen das „Recht auf Arbeit" beinhalten sollen oder nicht, war schon in der französischen Revolution umstritten. Damit verbunden war die Frage, welchen Unterstützungsanspruch die Arbeitslosen haben sollen. „Den Prinzipien von 1789 zufolge war der Anspruch auf Unterstützung an eine Pflicht zur Arbeit gebunden." (Rosanvallon 2000, S. 109).

Die vor mehr als 200 Jahren eingeführten *ateliers de charité* (Werkstätten der Mildtätigkeit) wurden einerseits als Beschäftigungsangebot und andererseits zum Ausbau von kommunalen und departementalen Infrastrukturen eingesetzt. Aber das „kostspielige System" wurde sehr schnell wieder eingestellt. Der Verweis auf die Geschichte verdeutlicht, dass aktuelle Fragestellungen nach dem Unterhaltsanspruch von Arbeitslosen (Arbeitslosengeld, Arbeitslosenhilfe, Sozialhilfe) und nach dem Umfang der von ihnen zu erbringenden Gegenleistungen (Verrichtung gemeinnütziger Tätigkeiten) schon immer kontroverse Diskussionen auslöste, sobald die Arbeitslosigkeit ein gesellschaftlich akzeptiertes Niveau überschritt.

Die Geschichte scheint sich heute mit der Krise der in der Nachkriegszeit aufgebauten sozialen Sicherungssysteme zu wiederholen. Die auf das keynesianische Ideal der Vollbeschäftigung zugeschnittenen nationalen Systeme von Arbeitslosenversicherung und Sozialhilfe sind auf die Absicherung eines für gering erachteten „Restrisikos" zugeschnitten. Als nach dem Ende der Wirtschaftswunderzeit (Deutschland) bzw. der dreißig glorreichen Wachstumsjahre („les trente glorieuses") die ersten Risse in der damals dominanten Wachstumseuphorie auftauchten, zeichnete sich erstmalig die Notwendigkeit ab, zielgerichtete Maßnahmen für die Regionen zu entwickeln, die von einer Strukturkrise betroffen waren (Stahl-, Kohle- und Textilindustrie). Hier liegt der Ursprung einer *regional differenzierten Arbeitsmarktpolitik*, die im Kontext eines dynamisch expandierenden Dienstleistungssektors Probleme einer „Übergangsarbeitslosigkeit" noch vergleichsweise einfach durch Umschulungsmaßnahmen lösen konnte.

Die in dieser Phase betriebene Tarifvertragspolitik beinhaltet dezidierte Momente einer präventiven Arbeitsmarktpolitik der Sozialpartner und des Staates (vgl. Berthet in diesem Band). Diese Tradition wird heute in Deutschland – unter ungleich schlechteren Rahmenbedingungen – mit den kommunalen Bündnissen für Arbeit (vgl. Wiechmann in diesem Band) fortgeführt.

Das Anfang der 60er Jahre verabschiedete Bundessozialhilfegesetzes, mit dem deutsche Kommunen ein gewisses Mandat zur Betreuung von Sozialhilfeempfängern verlieh (vgl. Schulze-Böing in diesem Band), beinhaltete darüber hinaus die ersten Elemente einer nach *Zielgruppen des Arbeitsmarktes* differenzierten Beschäftigungspolitik. Dieser Strang beschäftigungspolitischer Aktivitäten gewann seit Mitte der 70er Jahre mit dem nahezu kontinuierlichen Anstieg der Arbeitslosigkeit[2] zunehmend an Bedeutung.

Hinter dem massiven Anstieg der Arbeitslosenquoten verbirgt sich ein zunehmender Anteil von Langzeitarbeitslosen, die keine Leistungen aus der beitragsfinanzierten Arbeitslosenversicherung mehr erhalten.

Gegenwärtig beziehen in Deutschland und Frankreich nur noch ca. 40 Prozent der erwerbsfähigen Arbeitslosen Leistungen aus der Arbeitslosenversicherung. Damit ist der überwiegende Anteil der Arbeitslosen von staatlichen Transferleistungen abhängig, die aus Steuermitteln bezahlt werden[3]. In dem tradierten Selbstverständnis von Arbeitslosenversicherungen und/oder Arbeitsvermittlungen[4] konzentrierten sich Vermittlungsbemühungen auf die Empfänger beitragsfinanzierter Lohnersatzleistungen (Bezieher von Arbeitslosengeld). Diese Ausrichtung verstärkt das Risiko einer dauerhaften Ausgrenzung der Sozialhilfeempfänger.

---

2 Zwischen 1965 und 1973 lag die Arbeitslosenquote in Frankreich bei 2,3 %, in Deutschland unter 1 %. Heute liegt sie über 12 %. (Sen 1997, S. 136)

3 Nach den bis Ende 2004 geltenden Regeln erhalten Arbeitslose in Deutschland die Arbeitslosenhilfe, deren Höhe sich nach dem letzten Einkommen bemisst. In Frankreich erhalten die Arbeitslosen für die Dauer von zwei bzw. drei Jahren Leistungen aus der „Solidaritätskasse" (allocation spécifique de solidarité), die das monatliche Einkommen eines Alleinstehenden auf maximal 980 Euro aufstocken (vgl. Libération, 19. 09. 03). Das im Anschluss an diese Frist gezahlte „Mindesteinkommen für Eingliederung" (RMI, RMA) entspricht in seiner Höhe in etwa den Zahlungen des Arbeitslosengeldes II.

4 Die beiden Aufgaben werden in der Bundesrepublik Deutschland von einer Bundesbehörde wahrgenommen (Bundesanstalt bzw. neuerdings Bundesagentur für Arbeit). In Frankreich besteht eine institutionelle Trennung zwischen Arbeitslosenversicherung (ASSEDIC/UNEDIC) und Arbeitslosenvermittlung (ANPE).

Die Umschichtung von Kosten zur Finanzierung der Arbeitslosigkeit zeichnete sich bereits in den 70er Jahren des vergangenen Jahrhunderts ab. Angesichts zunehmender Probleme einer dauerhaften Finanzierung der Arbeitslosigkeit setzte sich in Deutschland und Frankreich in den 80er Jahren ein Paradigmenwechsel durch. Politiker diesseits und jenseits des Rheins favorisierten zunehmend den Ansatz der *aktiven Arbeitsmarktpolitik.* Die jeweiligen Schwerpunktsetzungen (Wagner/Obst 2000, S. 28) können folgendermaßen charakterisiert werden:

- *passive Arbeitsmarktpolitik*: materielle Absicherung der Arbeits- und Erwerbslosen;
- *aktive Arbeitsmarktpolitik*: materielle Absicherung und Verbesserung der individuellen Chancen auf eine Reintegration in ungeförderte Beschäftigung.

Wenn wir zusätzlich zwischen den Facetten einer präventiven Arbeitsmarktpolitik (Vermeidung drohender Arbeitslosigkeit) und einer „reparierenden" Arbeitsmarktpolitik (Reintegration von arbeitslosen, erwerbsfähigen Leistungsempfängern) unterscheiden, können wir die Handlungsarena der *lokalen Beschäftigungsförderung* in Deutschland und Frankreich weitgehend als *aktive, reparierende Arbeitsmarktpolitik* charakterisieren. Die lokale Beschäftigungspolitik ist damit ein Reparaturbetrieb, mit dem „Dysfunktionen" des nationalen Arbeitsmarktes behoben werden sollen. Aber kann der Anspruch, auf lokaler Ebene in einem geografisch eingegrenzten Bereich eingelöst werden? Lassen sich nationale Probleme der Arbeitsmarkt- und Wirtschaftspolitik wirklich „kleinarbeiten"?

Die auf diesem Feld entwickelten Instrumente unterscheiden sich in Deutschland und Frankreich nur unwesentlich. Erhebliche Unterschiede bestehen jedoch im Bereich der Zuständigkeiten von Gebietskörperschaften einerseits und Behörden der nationalen Arbeitsmarktpolitik andererseits.

2 Kommunen als Akteure auf dem Terrain der Beschäftigungspolitik

Die Beiträge dieses Bandes dokumentieren einen Trend zur Dezentralisierung der nationalen Arbeitsmarktpolitik. Deutsche und französische Kommunen leisten einen aktiven Beitrag zur beruflichen Reintegration von Arbeitslosen. Sie stützen sich dabei auf die Mitwirkung der Sozialpartner und ihrer Verbände, nutzen die Angebote von gemeinnützigen Vereinen und professionellen Trägern, die auf dem Feld der Beschäftigungsförderung tätig sind. Formen und Inhalte der dezentralisierten Beschäftigungspolitik unterscheiden sich. Die Ursache dafür liegt in den nationalen Modi der Finanzierung von Arbeitslosigkeit (vgl. Bosch/Wagner 2000).

Transferleistungen für Arbeitslose werden in Deutschland und Frankreich aus der beitragsfinanzierten Arbeitslosenversicherung (Arbeitslosengeld) und aus Steuermitteln (Sozialhilfe) finanziert. In Deutschland wird die Sozialhilfe für erwerbsfähige Sozialhilfebezieher (bis Ende 2004) aus kommunalen Haushalten finanziert – in Frankreich kommen die erforderlichen Mittel direkt aus dem nationalen „Steuersäckel". Vor der Zusammenlegung von Arbeitslosenhilfe und Sozialhilfe zum Arbeitslosengeld II und der damit einhergehenden Finanzzuständigkeit des Bundes[5] bewirkte die mit dem Anstieg der Langzeitarbeitslosigkeit korrespondierende Zunahme der Zahl von Sozialhilfeempfängern (vgl. Schulze-Böing in diesem Band) in Deutschland, nicht aber in Frankreich, steigende Kosten für die kommunalen Haushalte. Damit waren die deutschen Kommunen allein aus finanziellen Gründen einem ungleich stärkeren Handlungsdruck ausgesetzt. Die finanzielle Zuständigkeit ermöglichte und erzwang die Entwicklung eigenverantwortlicher kommunaler Beschäftigungsinitiativen, mit denen eine Aktivierung der Sozialhilfe (Arbeit statt Sozialhilfe) angestrebt wurde[6].

- Deutsche Kommunen haben auf der Basis des Bundessozialhilfegesetzes zwischen 1963 und 2004 eine *eigenverantwortliche kommunale Beschäftigungspolitik* entwickelt;
- Der Handlungsspielraum französischer Kommunen bleibt in der Regel auf die *Mitwirkung* in staatlichen Förderprogrammen einer dezentralisierten, territorialisierten Beschäftigungspolitik beschränkt. Die *Territorialisierung* der Beschäftigungspolitik beinhaltet kommunale Aktivitäten, die im Rahmen einer durch die nationale Arbeitsverwaltung (Service Public de l'Emploi) gesteuerten Arbeitsmarktpolitik stattfinden.

---

5 Ab 2005 sind die Kommunen im Regelfall nur noch für die Finanzierung des Sozialgeldes zuständig, das an nicht erwerbsfähige Sozialhilfeempfänger gezahlt wird. Bei flankierenden Sozialleistungen wie z. B. dem Wohngeld stehen die Kommunen weiterhin in der Pflicht.

6 Das kommunale Angebot befristeter sozialversicherungspflichtiger Tätigkeiten führte zu den sog. „Verschiebebahnhöfen", d. h. nach 12-monatiger Arbeit hatten die Maßnahmeteilnehmer wieder einen Anspruch auf Arbeitslosengeld.

Wenn wir nur die kommunalen Akteure betrachten, können wir in Deutschland eine *Dualisierung des Arbeitsmarktes* erkennen: Sozialämter der *Kommunen* agieren als „zweites Arbeitsamt". Es ist für „zweitklassige" Arbeitsuchende zuständig, die über den Umweg des *zweiten Arbeitsmarktes* wieder für den ersten Arbeitsmarkt fit gemacht werden sollen. Die „Zweitklassigkeit" der Arbeitsuchenden ergibt sich daraus, dass sie aufgrund vielfacher, ausgeprägter Vermittlungshemmnisse kaum noch Chancen auf dem ersten Arbeitsmarkt haben. Die Bundesanstalt für Arbeit[7] (seit 2003 Bundesagentur für Arbeit) ist als „erstes Arbeitsamt" für „erstklassige" Arbeitslose (d. h. Arbeitslosengeldempfänger) zuständig, die direkt auf den ersten Arbeitsmarkt vermittelt werden. Die Bezieher von Arbeitslosenhilfe haben einen „Zwitterstatus". Ihnen werden vom Arbeitsamt Beschäftigungsmaßnahmen angeboten, die sich inhaltlich weitgehend mit den Angeboten der kommunalen Beschäftigungsförderung decken. Arbeitsbeschaffungsmaßnahmen der Bundesanstalt für Arbeit, die nach dem Territorialprinzip dreistufig aufgebaut ist, werden auf dezentraler Ebene – bei den lokalen Arbeitsämtern (Arbeitsagenturen) – auf Anforderungen des lokalen Arbeitsmarktes zugeschnitten (qualifikatorische Anpassung von Angebot und Nachfrage). Bei einer gleichzeitigen Betrachtung der Aktivitäten von Kommunen und Arbeitsämtern können wir damit von einer „Kommunalisierung" der Langzeitarbeitslosigkeit und einer „Territorialisierung" der „Übergangsarbeitslosigkeit" sprechen.

Vor diesem Hintergrund wird klar, dass nicht der französische Ansatz der „Territorialisierung", sondern der deutsche Ansatz der „Kommunalisierung" auch im internationalen Vergleich einen Sonderfall darstellt, der mit der Hartz-IV-Reform aber weitgehend[8] abgeschafft wird. Ab 2005 wird auch in Deutsch-

---

7 Die Bundesanstalt für Arbeit gliedert sich dreistufig in die Hauptstelle für das gesamte Bundesgebiet mit Sitz in Nürnberg, zehn Landesarbeitsämter und 181 Arbeitsämter mit rund 660 Geschäftsstellen. Sie untersteht als Bundesbehörde der Rechtsaufsicht des Arbeitsministeriums und ist verpflichtet, ihre Politik auf die beschäftigungspolitischen Zielsetzungen der Sozial-Wirtschafts- und Finanzpolitik des Bundes auszurichten. Die Landesarbeitsämter dienen – wie französische territoriale Dependencen der nationalen Arbeitsverwaltung – als ausführendes Organ in dieser Politik. Der Zentralisierungsgrad liegt höher als bei französischen Behörden, weil bei der BA gleichzeitig Aufgaben der Vermittlung und der Leistungsverwaltung angesiedelt sind.

8 Die Reform sieht im Regelfall die Schaffung von Job-Centern vor, in denen Vertreter der Kommunen und der Sozialämter unter der Federführung der Bundesagentur für Arbeit kooperieren, um gemeinsam Maßnahmen der Beschäftigungsförderung umzusetzen. Eine im Gesetz enthaltene Experimentierklausel eröffnet 69 Kommunen die Möglichkeit, eigenverantwortlich die Betreuung von ALG-Empfängern zu übernehmen. 108 von 323 Kreisen und Städten wollen dieses Optionsmodell nutzen (Tagesspiegel 16. 07. 04).

land die Territorialisierung der Beschäftigungsmodell zum dominanten Ansatz arbeitsmarktpolitischer Aktivitäten.

Das Territorialisierungskonzept der französischen Regierung beruht darauf, dass aus einem Globalbudget des Arbeitsministeriums Mittel für ein komplexes Netzwerk dezentraler Agenturen der öffentlichen Arbeitsverwaltung bereitgestellt werden. Die Gelder dienen auf territorialer Ebene zur Realisierung beschäftigungsfördernder Projekte. In dieser „top-down-Logik" werden die von örtlichen Behörden und lokalen Akteuren getragenen Aktivitäten (bottom-up-Logik) aufgegriffen (vgl. Berthet in diesem Band). Die Projekte richten sich an eine Klientel, die von einer dauerhaften, sozialen Ausgrenzung bedroht ist. Die Zielgruppenorientierung – nicht die Orientierung auf bestehende territoriale Gebietskörperschaften (Region, Departement, Kommune) – kennzeichnet die Praxis der Territorialisierung. Hier entwickelte Maßnahmen richten sich insbesondere an Arbeitslose, die sich „in größten Schwierigkeiten" befinden (Jugendliche unter 26 Jahre, Langzeitarbeitslose, Bezieher von RMI, junge Frauen, gesundheitlich eingeschränkte Erwerbsfähige). Lokale Beschäftigungsinitiativen richten sich damit in Deutschland und Frankreich an eine Zielgruppe, die durch starke Vermittlungshemmnisse gekennzeichnet ist.

Die Praxis der lokalen Pläne für Eingliederung und Beschäftigung (PLIE) weist einen eindeutigen Trend[9] auf: Im Jahr 2002 wurden in 88 Prozent der „lokalen" Pläne Maßnahmen der Beschäftigungsförderung auf überkommunaler Ebene organisiert. Das in diesem Band präsentierte Fallbeispiel Cergy ist charakteristisch für Ansätze, die den engen Rahmen einer einzelnen Kommune sprengen. Die kommunal übergreifende Zusammenarbeit erfolgt innerhalb eines geografischen Raums, der durch gemeinsame wirtschaftliche Strukturen und vergleichbare Arbeitsmarktprobleme gekennzeichnet ist. Dies führt zur Herausbildung von territorialen Wirtschaftsregionen, die sich nicht zwangläufig mit den Grenzen bestehender Verwaltungseinheiten (Departements) decken müssen[10]. Die von Kommunen gebildeten „Koordinierungsplattformen" bilden den Nukleus einer „Territorialentwicklung", in der wirtschaftliche Entwicklungsstrategien einen expliziten Bezugspunkt für die Entwicklung von beschäftigungspolitischen Maßnahmen bilden. Die auch von deutschen Kommunalpolitikern geforderte Überwindung von Ressortgrenzen (Arbeit – Wirtschaft – Soziales) wird hier – zumindest der Intention nach – eingelöst. In 86 Prozent dieser Koordinie-

---

9 Die Aussagen stützen sich auf Ergebnisse einer Untersuchung des Institut du Management Territorial & Europeéen, die im Auftrag der DATAR durchgeführt wurde (http://www.datar.gouv.fr/datar 01.09.04).

10 Hier bestehen Parallelen zu den in Deutschland vieldiskutierten „Clustern" (vgl. Heeg 2001).

rungsplattformen führen gewählte Volksvertreter (Kommunalpolitiker) den Vorsitz. Über dieses Instrument sind die Kommunen aktiv an der Entwicklung lokaler Aktions- und Beschäftigungspläne der öffentlichen Arbeitsverwaltung beteiligt.

Die Aufgaben der PLIE bestehen darüber hinaus in der Koordination *bestehender* Maßnahmen und Instrumente der Beschäftigungsförderung. Nicht die ausgegrenzte Zuständigkeit für Sozialhilfeempfänger, sondern die integrierte Zuständigkeit für Maßnahmen, die alle Zielgruppen (Jugendliche, Arbeitslose, Bezieher der sozialen Grundsicherung RMI / RMA) betreffen, ist das Kennzeichen der lokalen Pläne für Eingliederung und Beschäftigung.

Gegenüber der kommunalen Beschäftigungsförderung weist der Ansatz der Territorialisierung zwei wichtige Unterschiede auf: er ist nicht auf den engen Raum einer Kommune begrenzt und er führt nicht zur Dualisierung des Arbeitsmarktes. Aber ist dieser Ansatz, der auch eine Reaktion auf den Wildwuchs unkoordinierter, vielfältiger Beschäftigungsinitiativen darstellt, in der Praxis wirksamer als die kommunale Beschäftigungsförderung?

3 Wirksamkeit der lokalen Beschäftigungsförderung

Angesichts der oben aufgezeigten strukturellen Unterschiede stellt sich die Frage, welche Indikatoren zur Beurteilung der Wirksamkeit lokaler Beschäftigungsmaßnahmen heranzuziehen sind.

Darstellungen und Analysen des französischen Territorialisierungsansatzes, in dem die PLIE offensichtlich einen hohen Stellenwert haben, neigen dazu, die Bewältigung von Organisationsproblemen als Indikator für die Effizienz des Ansatzes heranzuziehen. Ein zweiter Ansatz besteht darin, den Anstieg der Zahl geförderter Erwerbsloser zum Maßstab des Erfolgs zu machen. Diese argumentative Ausweichstrategie besteht auch auf dem Feld der kommunalen Beschäftigungsförderung. Aber besteht das Ziel der Maßnahmen wirklich darin, möglichst viele Arbeitsuchende zu fördern?

Angesichts knapper Kassen ist mit Blick auf die Intentionen der lokalen Beschäftigungsförderung letztlich nur ein Indikator von Interesse: die Vermittlungsquote. Damit wird gemessen, wie viele der in Beschäftigungsmaßnahmen temporär Geförderten nach Abschluss einer Maßnahme erfolgreich in den regulären (ersten) Arbeitsmarkt (re-)integriert werden können.

Es ist durchaus symptomatisch, dass in den Tagungsbeiträgen die Frage nach der Effizienz der lokalen Beschäftigungsförderung nahezu durchgängig geschickt umgangen wird.

Maillefert verweist kursorisch darauf, dass in Frankreich trotz steigender Mittel für die Beschäftigung die Ergebnisse der nationalen Arbeitsmarktpolitik gemessen an der Beschäftigungslage und der Arbeitslosigkeit „enttäuschend" bleiben. Ob durch die Territorialisierung hier entscheidende Fortschritte erzielt werden konnten, bleibt meines Wissens nach offen.

Ähnlich fatal sieht die Situation in der Bundesrepublik Deutschland aus. Eine Vielzahl von Studien, in denen die Effizienz der von der Bundesanstalt von Arbeit durchgeführten Maßnahmen untersucht wurde, gelangt zu einem eher niederschmetternden Ergebnis. „Arbeitsbeschaffungs- und Strukturanpassungsmaßnahmen verbessern die Beschäftigungschancen der Teilnehmer nicht." (Reinowski u. a. 2003, S. 184). Wenn wir bedenken, dass die Sozialämter der Kommunen ihre Maßnahmen an eine „arbeitsmarktfernere" Klientel richten, darf vermutet werden, dass die Wirksamkeit der Maßnahmen eher noch niedriger liegt als bei denen der Bundesanstalt für Arbeit[11]. Es wäre verfehlt, davon auszugehen, dass mit den Mitteln der lokalen Beschäftigungsförderung hohe Erfolgsquoten bei der Re-Integration in den ersten Arbeitsmarkt erzielt werden könnten. Bei unverändertem Zuschnitt der Maßnahmen ließe sich die Erfolgsquote lediglich durch eine verschärfte Selektion von Maßnahmeteilnehmern (das sog. „creaming") steigern. Aber damit würden Risiken einer dauerhaften sozialen Ausgrenzung, die mit der Arbeitslosigkeit verbunden sind, eher ver- als entschärft.

Vereinzelte Erfolgsmeldungen, wie sie hier beispielsweise für die Stadt Offenbach am Main präsentiert werden, müssen als Ausnahme von der Regel betrachtet werden. Gerade in strukturschwachen Regionen mit einer hohen Arbeitslosigkeit gelingt es kaum, die Sozialhilfeempfänger gegenüber den Kurzzeitarbeitslosen konkurrenzfähig zu machen. In den neuen Bundesländern, die etwa doppelt so hohe Arbeitslosenquoten aufweisen wie die alten Bundesländer, dürfte es im Schnitt schon als Erfolg gelten, wenn unmittelbar nach Abschluss einer Maßnahme etwa 10 Prozent der Teilnehmer in den ersten Arbeitsmarkt vermittelt werden können. Nach Aussagen einzelner Träger, die für die Durchführung von Maßnahmen in der Stadt Brandenburg an der Havel zuständig

---

11 Systematisch vergleichende Analysen der Wirksamkeit der kommunalen Beschäftigungsförderung gibt es in Deutschland nicht. Dies gilt auch für die Beurteilung der Wirksamkeit von kommunalen Bündnissen für Arbeit.

sind[12], sind von diesem geringen Prozentsatz 6 Monate später nur noch etwa ein Drittel in Beschäftigung. Von einer durch Maßnahmen bewirkten dauerhaften Re-Integration in den ersten Arbeitsmarkt kann vor diesem Hintergrund wohl kaum gesprochen werden[13].

Der gemeinsame Schwachpunkt der diesseits und jenseits des Rheins angebotenen Maßnahmen der kommunalen Beschäftigungsförderung besteht darin, dass mit diesen Instrumenten keine dauerhaften Arbeitsplätze geschaffen werden können. Im Kern bieten sie eine Plattform zur Absicherung, Förderung bzw. Wiederherstellung der *Beschäftigungsfähigkeit* von Erwerbslosen. Ob dieses Potential dazu reicht, sich erfolgreich in den ersten Arbeitsmarkt zu integrieren, wird auf dem Arbeitsmarkt und nicht in Beschäftigungsmaßnahmen entschieden.

4 Epilog

Die eng definierte *kommunale Beschäftigungsförderung* wird ab 2005 der Vergangenheit angehören. Auch dort, wo die Kommunen im Rahmen des Optionsmodells (vgl. Schulze-Böing in diesem Band) eigenverantwortlich tätig bleiben, verändern sich die Rahmenbedingungen ihrer Arbeit deutlich. Sie werden in Zukunft nicht nur für die Bezieher von Sozialhilfe, sondern auch für die ehemaligen Empfänger von Arbeitslosenhilfe zuständig. Das zwischen beiden Gruppen durchaus bestehende Gefälle in der Vermittelbarkeit kann dazu führen, dass kommunale Maßnahmen sich an die Leistungsfähigsten in der Klientel der ALG II-Bezieher richten. Eine derartige Entwicklung aus der Perspektive von Strategien[14], mit denen eine dauerhafte Ausgrenzung von Problemgruppen des Arbeitsmarktes vermieden werden soll, ist konterproduktiv.

---

12 Ich stütze mich hier auf Beobachtungen aus einem laufenden Kooperationsprojekt der Fachhochschule Brandenburg und dem Amt für Jugend, Soziales und Wohnen der Stadt Brandenburg an der Havel, in dem die Wirksamkeit der Maßnahmen der kommunalen Beschäftigungsförderung evaluiert werden sollte. Das Projekt wird eingestellt, weil die zu evaluierenden Maßnahmen (Hilfe zur Arbeit) nicht mehr angeboten werden.

13 Nicht zuletzt deshalb ist in der deutschen Debatte von Kritikern einer arbeitsmarktpolitischen Instrumentalisierung des Bundessozialhilfegesetzes immer wieder darauf verwiesen worden, dass mit dem Gesetz vorrangig sozialpolitische Zielsetzungen verfolgt worden seien. Die soziale Wirksamkeit von Maßnahmen müsse mit bedacht werden, wobei es allerdings keine operationalisierbaren Kriterien zur Messung der sozialen Wirksamkeit gibt.

14 Im September 2003 diskutierten die Beschäftigungs- und Arbeitsminister der OECD die Möglichkeiten, mehr und bessere Arbeitsplätze anzubieten. Im Vordergrund stand dabei die Einsicht in die Notwendigkeit, eine dauerhafte Ausgrenzung benachteiligter Kategorien von Arbeitslosen zu vermeiden. (OECD 2003).

Anders als im französischen Ansatz der Territorialisierung, der eine Plattform für eine kommunal übergreifende regionale Beschäftigungs- und Wirtschaftspolitik bietet, läuft gerade das Optionsmodell Gefahr, die Beschäftigungspolitik auf den Wirkungskreis der optierenden Kommune zu begrenzen. „Dies führt zum Ausschluss überörtlicher, regionaler und bundesweiter Vermittlungsperspektiven“ (DGStB Themendienst 3, S. 1).

Die These, dass sich die Zukunft der Arbeit „vor Ort“ entscheidet (Kissler), dient zur Legitimation von lokalen, möglichst problemnahen Ansätzen der Beschäftigungsförderung. Noch stärker zugespitzt mündet dies in die Aufforderung zur Individualisierung der Beschäftigungsförderung, wobei diese als individuelles Fallmanagement verstanden wird. Dabei geht es darum, Fähigkeiten, Fertigkeiten und Kenntnisse der Erwerbslosen zu analysieren um ihnen „passgenaue“ Wege aus der Arbeitslosigkeit anbieten zu können, wobei zunehmend auf Instrumente der aktiven Arbeitsmarktpolitik gesetzt wird. Diese spiegeln sich in Formeln wie „Fördern und Fordern“, „Arbeit statt Sozialhilfe“ und Ähnliches mehr wieder.

Die Frage, wie dem Individuum am wirksamsten geholfen werden kann, führt indes zu zweischneidigen Antworten. Sozial engagierte Geister plädieren für Aus- und Weiterbildungsstrategien, mit denen individuelle Fähigkeiten gefördert werden sollen, um die Beschäftigungsfähigkeit eines Arbeitslosen wieder herzustellen. Wirtschaftlich orientierte Geister verweisen demgegenüber auf die Notwendigkeit, Qualifizierungsmaßnahmen am Arbeitskräftebedarf der Wirtschaft auszurichten. Weil Wirtschaft hierbei nicht nur als lokale, sondern auch als regionale, nationale und zum Teil auch europäische Veranstaltung begriffen wird, liegt auf der Hand, dass die inhaltliche Ausgestaltung von Maßnahmen aus dieser Sicht keinesfalls ausschließlich auf den lokalen Arbeitskräftebedarf zugeschnitten sein darf. Erst aus der Kombination von Beschäftigungsfähigkeit und Mobilitätsbereitschaft ergibt sich eine Arbeitsmarktfähigkeit.

Fazit: Die lokale Beschäftigungspolitik kann Dysfunktionalitäten des nationalen Arbeitsmarktes nicht grundsätzlich reparieren. Aber sie kann durch die Entwicklung „passgenauer“ Lösungen für einen kleinen Teil der Bezieher staatlicher Transferleistungen den Wiedereinstieg in das Berufsleben ermöglichen. Als komplementäres Instrument der nationalen Arbeitsmarktpolitik wird die lokale Beschäftigungspolitik weiterhin ihren Stellenwert behalten. Aber der Legitimationsdruck für die Verwendung der Mittel wird zunehmen. Die Wirksamkeit von Maßnahmen der lokalen Beschäftigungsförderung muss nachgewiesen werden.

Literatur

Bosch, Gerhard/Alexandra, Wagner (Hrsg.) (2000): Umbau und Finanzierung der Arbeitslosenversicherung, Gelsenkirchen

DStGB (Deutscher Städte- und Gemeindetag) (2004): Themendienst 3, Argumentationspapier zum Optionsmodell Hartz IV in http://www.rlp-buergerinfo.de/dstgb_pressesupport/docs/875_1_325.pdf

Erhel, Christine/Imbert, Pierre-André/Outin, Jean-Luc (2000): Die Finanzierung der Arbeitsmarktpolitik in Frankreich, in: Bosch/Wagner (Hrsg.), S. 115-172

Heeg, Susanne (2000): Politische Regulation des Raums. Metropolen – Regionen – Nationalstaat, Berlin

Institut du Management Territorial & Européen: Programme d'assistance technique PLIE & Territoire, Rapport final, zitiert nach: www.datar.gouv.fr/datar 01.09.04)

Libération, 19.03.2003: Fillon se désolidarise des chômeurs de longue durée (http://www.liberation.fr/page.php 0Article=143275; 03.08.04)

OECD (2003): Vers des emplois plus nombreux et meilleurs. Réunion des Ministres de l'Emploi et du Travail de l'OCDE Paris, 29-30 septembre 2003, in: www.oecd.org 01.09.04

Reinowski, Eva/Schulz, Birgit/Wiemers, Jürgen (2003): Verschlechterung der Beschäftigungschancen durch Teilnahme an Arbeitsbeschaffungs- und Strukturanpassungsmaßnahmen – Oder gibt es Ausnahmen? In: Wirtschaft im Wandel 6/2003, S. 184-190)

Rosanvallon, Pierre (2000): Der Staat in Frankreich. Von 1789 bis heute, Münster

Sen, Amartya (1997): L'inégalité, le chômage et l'Europe d'aujourd'hui, in: Revue internationale du Travail, vol. 136 n° 2, S. 169-186

Wagner, Alexandra/Obs, Susanne (2000): Die Finanzierung der Arbeitsmarktpolitik – ein internationaler Vergleich, in: Bosch/Wagner (Hrsg.), S. 7-56)

Autorinnen und Autoren

Thierry Berthet
Centre d'Etude et de Recherche sur la Vie Locale (CERVL), Institut d'études politiques, Bordeaux

Jürgen Gallenstein
Freie und Hansestadt Hamburg, Behörde für Wirtschaft und Arbeit, Hamburg

Thomas Herbing
Ver.di, Bundesverwaltung, Fachbereich Gemeinden, Berlin

Suzanne Hunkeler
Direktorin des Plan local pour l'insertion et l'emploi (PLIE) von Cannes und Vorstandsmitglied von EUROPLIE

Peter Jansen
Fachhochschule Brandenburg, Kooperationsprojekt mit dem Amt für Jugend, Soziales und Wohnen der Stadt Brandenburg an der Havel

Leo Kißler
Professor für Soziologie an der Philipps-Universität Marburg, Institut für Soziologie

Muriel Maillefert
Maître de conference, économie, Universität Lille III

Agnès Rouchette
Erste Beigeordnete der Stadt Cergy und Präsidentin des Plan local pour l'insertion et l'emploi (PLIE) des Stadtverbands Cergy-Pontoise

Karsten Schneider
Leiter des Referats Kooperativer Staat in der Dienstleistungsgesellschaft, in der Abteilung Forschungsförderung der Hans Böckler Stiftung, Düsseldorf

Matthias Schulze-Böing
Stadt Offenbach am Main, Amt für Arbeitsförderung, Statistik, Europaangelegenheiten

Elke Wiechmann
Dipl.-Soz., freie Soziologin (Forschung, Analyse, Beratung), Fröndenberg

Werner Zettelmeier
Wissenschaftlicher Mitarbeiter am Centre d'Information et de Recherche sur l'Allemagne Contemporaine (CIRAC), Universität Cergy-Pontoise